布局

丰田在未来汽车业的野心

豊田章男の覚悟

[日] 片山修 著　李永丽 译

中国原子能出版社　中国科学技术出版社
·北京·

TOYOTAAKIO NO KAKUGO

Copyright © 2022 Osamu Katayama
Original Japanese edition published by Asahi Shimbun Publications Inc.
Simplified Chinese translation rights arranged with Asahi Shimbun Publications Inc.
through The English Agency (Japan) Ltd. and Shanghai To-Asia Culture Co., Ltd.
Simplified Chinese translation copyright 2022 by China Science and Technology Press Co., Ltd.

北京市版权局著作权合同登记　图字：01-2023-0622

图书在版编目（CIP）数据

布局：丰田在未来汽车业的野心 /（日）片山修著；李永丽译 . —北京：中国原子能出版社：中国科学技术出版社，2023.9
ISBN 978-7-5221-2823-8

Ⅰ.①布… Ⅱ.①片… ②李… Ⅲ.①丰田汽车公司—工业企业管理 Ⅳ.① F431.364

中国国家版本馆 CIP 数据核字（2023）第 127055 号

策划编辑	申永刚	执行策划	陈　思
责任编辑	付　凯	文字编辑	孙　楠
封面设计	马筱琨	版式设计	蚂蚁设计
责任校对	吕传新	责任印制	赵　明　李晓霖

出　版	中国原子能出版社　中国科学技术出版社
发　行	中国原子能出版社　中国科学技术出版社有限公司发行部
地　址	北京市海淀区中关村南大街 16 号
邮　编	100081
发行电话	010-62173865
传　真	010-62173081
网　址	http://www.cspbooks.com.cn

开　本	880mm×1230mm　1/32
字　数	115 千字
印　张	6.75
版　次	2023 年 9 月第 1 版
印　次	2023 年 9 月第 1 次印刷
印　刷	北京华联印刷有限公司
书　号	ISBN 978-7-5221-2823-8
定　价	69.00 元

（凡购买本社图书，如有缺页、倒页、脱页者，本社发行部负责调换）

序

丰田章男就像风暴中的一棵大树。

当今世界所展现的景象，已不再是我们所熟知并习惯的样子。自新冠疫情席卷全球，到俄乌冲突爆发，世界发生了剧烈的变化。

新冠疫情极大地改变了我们的生活和工作方式，俄乌冲突则将世界推入不确定性中，世界形势风云突变。

丰田汽车公司社长[①]丰田章男，在 2022 年 3 月 9 日参加 2022 年春季劳资谈判时说："当今世界正在面对悲伤而难以承受的现实。对于俄乌冲突我感到非常无奈。战争和对抗不会给任何人带来幸福。现在有无数人生活在超乎想象的痛苦、悲伤和巨大的不安中。想到此，我的心情无以言表。"

当前的汽车产业正处于"百年一遇的大变革期"。而变革中

---

① 社长：企业的最高负责人。日语中公司称作"会社"，最高级别领导者称作"社长"。——编者注

布局
丰田在未来汽车业的野心

最大的浪潮，当属在地球环境问题背景下，由内燃机向纯电动机的转变。就在汽车产业加速向电动化转型的当口，俄乌冲突又来了。

丰田章男能否引领日本汽车行业化解接踵而来的难题？这需要力克时艰的决心和勇气。

丰田章男最大的优势是有一颗"爱车"之心。

因丰田汽车在美国市场的大规模召回事件，丰田章男出席了美国国会听证会。在证词开头他陈述道："我比任何人都热爱汽车，热爱丰田。"

即使放眼全球汽车制造领域，恐怕也没谁对汽车的痴迷与爱比得过他。这将是丰田汽车公司克难之路上的期待和希望。

丰田章男出身优渥，是自丰田汽车公司的创始人丰田喜一郎起，丰田家族的第三代长孙。他从出生起就与汽车相伴，没有汽车的人生简直无法想象。汽车就是他的归宿和故乡。

1963年，丰田章男迎来7周岁生日，父亲丰田章一郎带他观看了在三重县铃鹿赛道举办的首届日本大奖赛。这是父亲送他的生日礼物。年幼的丰田章男就这样目睹了日本现代赛车运动的黎明。可以说，这是一次命中注定的相遇。锵锵的金属声响，斩风疾驰的赛车，飘荡的汽油味儿，观众席欢呼的声浪……他自己如是描述。

"年少时沁入感官的体验，成就了后来的'Morizo'[①]。"

几十年后，丰田章男施展"二刀流"[②]剑术，突入"禁区"，创造出既是丰田汽车公司社长又是赛车手"Morizo"的奇迹。

丰田章男取得驾驶证是在18岁，之前还因考试中车轮出线失败过一次。而拿到驾驶证不久，他就在自家门前出了翻车事故，被紧急送医。父亲听到消息后慌忙赶到医院，却被告知"已经不在了"。那一瞬间，丰田章一郎以为永远失去了儿子，其实是已经回家不在医院了。

丰田章男人生第一辆车是辆丰田皇冠，据说是上大学时奶奶送的。而他在大学毕业后，自己花钱买了一辆二手的运动型车"卡罗拉1600GT"。

丰田章男真正开始赛车运动是在中年以后。由公司首席试车手对他进行赛车入门的特训。那年，他46岁。等拿到国际C级执照后，正式获得国际赛车比赛参赛资格。

[①] Morizo曾是丰田章男的绰号，是他赛车手身份的专用名，后被用作丰田卡罗拉Morizo特别版车型的车名。——编者注
[②] 一种用双刀作战的日本剑道流派。——编者注

布局
丰田在未来汽车业的野心

丰田章男以"Morizo"之名参赛实属无奈。如果实名参赛，必会招来公司内外的强烈反对——年过五旬的副社长去赛车成何体统，如此出格和危险的事情，还是趁早罢手吧。不务正业是会被批评的。

丰田章男只得隐去真名实姓，以"Morizo"之名出场。又由于没有公司预算支持，只能买一辆二手丰田咬地鲨（Altezzas）作为赛车。车队自然也不能冠名丰田，于是丰田章男为其起名"Gazoo Racing"（简称GR，后成为丰田集团内代表性能车辆的分支），参加了被称为世界最残酷汽车竞速赛的纽博格林24小时耐力赛。

丰田章男的汽车生涯轶事数不胜数。也正因为他是真正的"爱车人"和"汽车人"，才有可能突围困局。

结束上述的美国国会听证会后，丰田章男参加了美国有线电视新闻网（Cable News Network）的夜间电视节目《拉里·金访谈》(*Larry King Live*)。拉里·金以开门见山、直言不讳而闻名。

"听说您很害羞，参加这个节目没问题吗？"拉里·金问丰田章男有没有"心理准备"。

"能参加您的节目我很荣幸。我一直把汽车放在首位，自己从未走到它的前面，也许我也该改变想法上前一步了。"

"他是丰田家的人，自然要喜欢车。"丰田章男不喜欢别人这么看。

最后，拉里·金问到他开的车。

"我每年大概要开 200 辆车。我非常喜欢车。"丰田章男回答。

听到这个回答，拉里·金少有地呵呵笑起来。然后说道："希望一切都会好起来。"

丰田章男受到鼓励，知道对方读懂了自己，心情终于畅快起来。

半年后，丰田章男为表示感谢，拜访了拉里·金位于洛杉矶的家。丰田章男就是这么重情重义。

只要有事发生，他必实践"现地现物"的现场主义。因为检视现场必将有所感，有所想，有所思。这样的时机非常重要。

丰田章男悄悄探访了丰田汽车大规模召回事件的导火索——加利福尼亚州圣迭戈近郊的雷克萨斯汽车失控事故现场。亲自去现场，他是希望在吊唁死者的同时，能得到一些启示。后来，他将出席美国国会听证会的时间，也就是 2 月 24 日，称作"丰田的再出发日"。

另外，在赛车运动方面，他每年参加的拉力赛和耐力赛足有十余场,同时还参加面向业余车手的"丰田拉力挑战赛"。丰田拉力挑战赛创办于2001年,今年将迎来第二十二个年头[①]。赛道全程包含柏油路段、林中砂石路段和泥泞路段,耗时最短者获胜。参赛车手涵盖男女老少,每届有80~100辆赛车参赛。如果说国际汽车联合会(Fédération Internationale de l'Automobile)组织职业车手参加的世界汽车拉力锦标赛(WRC)是拉力赛场的巅峰,那么丰田拉力挑战赛就是一项基础赛事。丰田章男和新手们一起驰骋赛场,目的在于扩大拉力比赛的群众基础。

2009年,丰田章男升任丰田汽车公司社长,闯过雷曼冲击[②]后的巨额亏损、大规模召回事件、东日本大地震等多个难关,重建了丰田汽车公司。这是一场"找回丰田"的战争,是他作为丰田汽车公司掌舵人的"第一阶段"。可以预见,"第二阶段"将面临前所未有的更为严峻的经营环境。新冠疫情在全球肆虐,再加上俄乌冲突带来的挑战,今后几个月的形势都难以预判,

---

[①] 本书中的时间节点均以作者写作完成的时间,也就是2022年,为参照。——编者注

[②] 雷曼冲击又称雷曼事件或雷曼危机。雷曼兄弟公司成立于1850年,是为全球公司、机构、政府和投资者提供金融服务的美国第四大投资银行。2008年,由于次贷危机加剧和投资失利,雷曼兄弟公司在谈判收购失败后宣布申请破产保护,引发了全球金融海啸。——译者注

更遑论洞察未来的5年。应对碳中和（温室气体排放整体为零）也是一大难题，需要非常手段。

丰田汽车公司的竞争对手现在已经扩展至信息技术（IT）行业和风险行业，不仅限于传统汽车行业。竞争领域也愈加广泛，从硬件的设计、生产，一直延伸到人工智能（AI）乃至新商业模式构建等领域。

为保住日本国内汽车行业的550万个工作岗位，守住日本经济的支柱，丰田章男坚定地站立在这场狂风暴雨中。这里有面对巨大危机的担当。

他的敢于担当，成为其他经营者和处在商业前线的领导者的指针，同时也鼓舞着风暴中的每一个人。

本书出版承蒙朝日新闻出版社三宫博信先生的大力支持，对此深表谢意。同时，在此感谢大森良子和平川真织的出色工作。谢谢！

片山修

2022年4月

目录

| 序 章 | **道路：择难而行** | 001 |

不陷入悲观   005

不回避财报预测   008

丰田大家庭   012

关掉手机和计算机   016

只做爱车人   020

第一章   **纯电动汽车：为什么是现在**   023

积累的财富   028

"纯电动汽车宣言"背后的隐情   031

为什么坚持全方位战略   035

与埃隆·马斯克合作的启示   039

车辆和电池的一体化研发   042

全固体电池的风口   045

国家间的激烈竞争   048

第二章   **Morizo：终极感测器的真容**   051

为赛车运动热血沸腾   054

46 岁挑战赛车运动	058
掌握工程师的"通用语言"	062
蜚声日本的名字	067
押注——重启运动型汽车	070
组建私人车队	074
通过比赛锤炼技术与人才	076
丰田章男的拉力赛老师	079
雅力士 WRC 的诞生	081

第三章　革新：汽车的极致锤炼　　085

欧洲年度风云汽车大奖	088
与传统逆行的"Morizo 改革"	089
职业车手参与研发	091
铃木一郎说丰田汽车改变了击球动作	094
车为谁造，为何造车	096
汽车构成的"底子部分"和"面子部分"	099
严密制定架构	101
改变总工程师这一角色	103
"行遍五大洲项目"的目的	105
必须一鸣惊人	108

第四章　软件：打造未来城市"编织之城" —— 111

丰田的"一代一业" 　　　　　　　　　115
沉重的责任和约定 　　　　　　　　　116
特征是民间主导 　　　　　　　　　　119
城市平台 　　　　　　　　　　　　　122
与日本电报电话公司资本合作的意义 　124
贯彻以人为中心 　　　　　　　　　　126
从统一性向多样性转变 　　　　　　　129
"整体"与"个别"的平衡 　　　　　　132
是星球，不是全球 　　　　　　　　　136
丰田式软件优先 　　　　　　　　　　138
通往移动服务公司的转型之路 　　　　141

第五章　氢：挑战脱碳 —— 145

扩大选项 　　　　　　　　　　　　　148
让氢燃料发动机汽车参加耐力赛 　　　151
从 5 分钟即坏的发动机开始 　　　　　153
故障就是财富 　　　　　　　　　　　155
24 小时耐力赛，3 次出场，累计 3.5 小时　159
氢燃料发动机是星星之火 　　　　　　162
建立氢供应链 　　　　　　　　　　　163
一场比赛能带来多个伙伴 　　　　　　167

"编织之城"是一座"氢能城市"	170
二轮车制造商的掌舵者也加入进来	172
碳中和的领跑者	175

第六章　时间：50年后作评 — 177

无惧孤独，敢于冒险	181
投入个人资本	182
忘小我，轻私利	185
为了他人	187
我的挑战和丰田喜一郎一样	190
用日本人的智慧和方法	193
以"量产幸福"为使命	199
带动周围，增加伙伴	200

序章

道路：择难而行

序章
道路：择难而行

随着新冠疫情席卷世界，全球经济骤然遇冷，陷入停滞，汽车产业遭受重创。

全球供应链断裂，加上芯片短缺，日本国内汽车制造商多次被迫停产。市场如遭开放性骨折，完全恢复尚需时日。

在这段前景莫测的时间里，有一个男人面对新冠疫情所带来的一切，选择了奋起挑战。

"沥青路安全无危险，人人都想走。但是转身回望，却看不见自己的半点足迹。海滨沙滩难行，回顾来时路，留下的印迹是那样分明。"

这是远藤周作的著作《对影》中，母亲写给主人公胜吕的信中的一段。

在"沥青路"上前行不留脚印，但易走；在"沙滩"上前行足迹分明，却难行。人生，该选择哪条路呢？

这个男人，喜欢选择"沙滩"。一步一个脚印，坚定地踏入少有人涉足的艰难之地。

布局
丰田在未来汽车业的野心

这个男人，在致辞或演讲中，动作夸张，面带笑容，双臂时而张开，时而舞动。日本的企业经营者多属照稿念词的类型，而这个男人是个异类。他的语言总是充满力量。

有人批评他表演过度，但他毫不在意，依然向听众大声呐喊，用澎湃的激情唤起听众强烈的同感与共鸣。他是一位杰出的交流家。

2022年1月7日的丰田市，在一处宽敞的会场里，讲坛中央站着一个身穿公司制服并打着领带的男人——他就是丰田汽车公司社长丰田章男，正在公司总部讲堂向500名员工做新年致辞。2020年伊始，日本政府发布了新冠疫情"紧急事态宣言"，丰田汽车公司新年致辞活动随之取消。因此，这场新年活动已时隔两年。

开头，丰田章男如是说道：

"回顾过去的两年多，新冠疫情肆虐，我们的生活和工作方式也随之改变。出行自由受限，线上办公成为新常态。在这种状况下，在丰田工作的各位，同日本汽车产业550万名同行一起，努力工作，保障人们的移动出行，推动经济继续运转。"

他没有高高在上的姿态，没有俯视的眼神，抛开社长头衔。

能说明这一点的是下面这句话。

"我真心感谢大家的努力。谢谢!"

能这样直接低头致谢的管理者不多见吧。身处高位的人,一般很少说"谢谢"。而丰田章男在15分钟左右的致辞中,5次向员工低头说"非常感谢"。

"如今,我们生活在一个多样化的世界,和一个没有标准答案的时代。在这样的情形中要生存下去,重要的是什么?"他用了一个设问。

"我认为,是决心和行动。"语气坚定,铿锵有力。

在这场新冠疫情的浩劫中,许多经营者沉默了。而丰田章男积极活动,表现出超人一般的精力。真是热血之人。

下面简单回顾一下丰田章男在新冠疫情中充满激情的言行。

— 不陷入悲观 —

2020年3月19日,日本汽车工业协会召开了例行记者会。当时,新冠病毒感染人数虽有所增加,但在第一波疫情暴发前,并未发布"紧急事态宣言"。在限制记者人数,要求佩戴口罩、手部消毒,做好必要防疫措施的基础上,记者会得以召开。同时，还进行了线上转播，这对日本汽车工业协会来说尚属首次。此后，日本汽车工业协会记者会线上举办成为常态。

日本汽车工业协会每年这个时候都会发布下一年度的四轮车国内需求预测。但 2020 年因为未来形势不明，取消了这一发布内容。当时甚至讨论过取消记者会，最终由丰田章男拍板而如期召开。作为汽车行业的领头羊，需要发出自己的声音。

"我们必须高度重视，认真思考，但不能过于悲观。"

对于汽车行业面临的现状，他如此开场后，接着说：

"对于不可控的事情，想得过于悲观，会陷入消极。消极情绪引发连锁反应，只会让事情变得更糟。不过于悲观，认真做好可以控制的事情。"

他的发言令人意外。克服恐惧，灵活应对新冠疫情。这一句话改变了会场的氛围。

"未来难以预测"，但"越是这个时候，越要振作起来攻克难关"。他振臂一挥。

面对困难，周围人都阴沉着脸，他却总说要"重拾笑容"。在新冠疫情影响难料、前路不明的情况下，他始终向外界发出积极的信号。

序章
道路：择难而行

同年4月10日，丰田章男再次以会长[①]身份代表日本汽车工业协会，与日本汽车零部件工业协会、日本汽车车体工业协会、日本汽车机械器具工业协会的会长们联合出席线上直播记者会。四大协会会长联合举办记者会极为罕见，充分体现了丰田章男作为行业领军人物的魅力。

面对危机，丰田章男最重视的是保就业。

他强调："如果工厂在停工期间解雇派遣员工，一旦疫情好转，将耗费更多时间复工复产。我在此拜托各一级供应商，一定要保就业岗位。"

日本汽车产业从业人员约550万人，相当于日本总就业人口的10%。保持这些就业岗位需要投入大量资金。因此，日本汽车工业协会等四大团体在记者会上宣布将成立专项基金，用于援助汽车零部件制造商。

这就是后来的信用保证结构"互助计划"。"这项基金类似于互助会，有余力的人帮助有困难的人。"丰田章男进一步说明。

[①] 会长：日本企业中位居社长之上的荣誉职务，通常由上一任社长卸任后担任。——编者注

"互助计划"采用信用保证结构，是因为建立基金框架需要时间。以日本汽车工业协会在三井住友银行的存款作担保，有了信用保证，让需要筹措资金的成员企业能够迅速从商业银行获得贷款。预设单笔保证原则上限额为1亿日元，总额为20亿日元。

"人类战胜新冠病毒威胁的那一天必将到来，"丰田章男铿锵有力地说，"但如果任由目前的情况发展下去，日本经济可能会疲敝甚至崩溃。我们汽车产业，希望能充当阻止经济崩溃的楔子，贡献自己的力量。"

不回避财报预测

2020年4月7日，日本政府首次向东京、神奈川、大阪、福冈等7个都府县发布紧急事态宣言，4月16日将生效对象扩大至全国。在这种紧急状态下，日本汽车业迎来了5月的结算发布季。很多上市企业认为新冠疫情未见放缓迹象，对周期业绩预测表述为"未定"，对信息披露持消极态度。但是丰田章男公布了丰田汽车公司2021年3月期财年的预估报告，销售额240000亿日元，环比减少了19.8%；营业利润5000亿日元，环比减少了 79.5%；合并销售汽车 890 万辆，环比减少了 15%。

他充满自信地说："预计能确保下一财年盈利，并在新冠疫情结束后带动经济复苏。"不公布业绩基准数据，供应商就无法制订事业规划。公开丰田汽车的业绩展望，可以帮助上游供应商做预测。丰田章男出于主机制造商的自信与责任，明确提出了要赢利的目标，这需要相当的底气。

"有件事希望大家能理解，"他再次提及了就业问题，"当今社会，大家都在追捧 V 型复苏[①]。以牺牲国内制造业和就业岗位为代价，来恢复业绩。这种努力值得肯定，但有时却非必须如此。越是困难的时候，越要咬紧牙关。这需要社会给予支持。"

之后，丰田章男在第二季度结算发布会上，大幅上调了 2021 年 3 月期财年的业绩预期。营业利润由 5000 亿日元上调至 13000 亿日元。纯利润也由 8 月召开第一季度结算发布会时公布的 7300 亿日元上调至 14200 亿日元。

丰田章男在就任丰田汽车公司社长后的 11 年间，持续推进结构改革，强化企业机体，没有这一背景就谈不上此次上调。

---

① V 型复苏：经济增长急剧下降，然后急速反弹，形成 V 形曲线。——译者注

一系列坚持不懈、脚踏实地的改革，改变了汽车生产，改变了组织架构，改变了工作方式，甚至改变了企业文化。丰田章男重视贯彻"降低成本"和"丰田生产方式"，并将此视作实现"丰田归来"的战争。

实际上，丰田章男在2022年新年致辞中，就提到了丰田汽车公司应该坚守的"三大支柱"，阐明了在新冠疫情下确保利润的背景。

当时，他认为"首先是理念"，并提出了一个问题："丰田的存在是为了什么？"

"丰田的存在不是为了多卖车，而是为了'共同的幸福'（第一个支柱）。心里装着他人，为了他人而工作，然后一起幸福。这一'理念'的结晶便是'丰田哲学'，我们应该坚守并传承下去。"

实现这一理念的方法是丰田生产方式（第二个支柱），掌握理念和方法的行为模式就是"丰田之道"（第三个支柱）。

"我希望在丰田汽车公司工作的各位，工作过程中时刻牢记这'三大支柱'。这'三大支柱'都需要在工作现场的实际工作中才能掌握。"

但是，总有员工不理解"三大支柱"的重要性。丰田章男坦言："这曾是我的一大烦恼，""所以，这几年我一直在挑战通过日常工作来传达丰田的'三大支柱'。"对此他提到了丰田GR雅力士和氢能源版汽车卡罗拉（搭载氢燃料发动机）。

"我们以现地现物原则制造汽车，然后进行破坏、修复、再造。不断循环这个过程，让我们造出的汽车越来越强。但是，为什么不让这种方式延伸到丰田GR雅力士之外的车型呢？"

他要求员工更加努力，并补充道：

"2022年，在各个项目的推进过程中，我希望从研发、生产、销售到售后，所有职能部门勠力同心，保持行动一致。"

丰田章男不懈传达"三大支柱"的努力，保证了丰田汽车公司在新冠疫情中突出的赢利能力。这绝非一朝一夕之功。

关于丰田汽车公司的快速复苏，有声音认为是"一家独赢"。对此，丰田章男在2021年3月期财年的第二季度结算发布会上表示："如果连一个赢家都没有，这个国家会怎样？如果连一个赢家都没有，这个产业将失去支撑，这个国家也将失去支撑。"失败了难免要被批评，成功了却又被诟病"一家独赢"。虽说"王者"会有此类遭遇，但其难免心有不甘。这种不甘成了丰田章男的原动力。

布局
丰田在未来汽车业的野心

丰田大家庭

因新冠疫情蔓延，2020年东京奥运会和残奥会延期至2021年7月至9月举办。丰田章男的相关言行也非常惹人关注，起到了引导舆论的作用。

丰田汽车公司作为奥林匹克和残奥运动全球合作伙伴之一，为东京奥运会和残奥会提供了巨额赞助。

2021年2月3日，在日本奥林匹克委员会临时评议员会议上，东京奥组委时任主席森喜朗因发布歧视女性的言论受到国内外反对，并最终辞职。他说："有很多女性参加的会议很费时间，有一个人举手大家都想发言。"

对此，丰田章男在一周后的记者会上发表了自己的看法。

"丰田汽车公司诞生于日本，是在世界各国多方支持下成长起来的全球性企业。我们在世界各地开展经营活动，目标是成为当地最好的企业，让那些关照我们的人展露笑颜。和家乡、祖国一样，我们想要守护地球这个人类的家园，每天都在为实现可持续发展目标①而努力。奥林匹克运动的宗旨是'通过没有

---

① 可持续发展目标，英文是 Sustainable Development Goals，缩写为 SDGs，是联合国制定的 17 个全球发展目标之一。

任何歧视、具有奥林匹克精神——以友谊、团结和公平精神互相了解——的体育活动来教育青年,从而为建立一个和平的更美好的世界做出贡献'。出于对此宗旨的认同和共鸣,我们决定成为奥运会和残奥会的赞助商。但是这次奥组委主席的发言与我们丰田汽车公司一直重视的价值观不相一致,实在是令人遗憾。"

他的率性言行不止于此。在日本政府宣布东京奥运会将采取无观众形式举办后,丰田章男取消了出席开幕式的安排,同时撤销了相关广告的投放。在众多赞助商和伙伴企业还苦恼于如何应对时,他已经迅速用行动表明了态度。

继丰田汽车公司之后,松下公司、宝洁公司、日本电报电话公司、日本电气股份有限公司、瑞可利集团公司、保圣那公司、日本邮政集团、东日本旅客铁道公司等众多赞助商和伙伴企业纷纷效仿,宣布不会出席东京奥运会开幕式。经济同友会代表干事樱田谦悟、日本商工会议所会长三村明夫等人也表示不会出席。

当然,丰田章男并不是反对举办奥运会这件事本身。丰田章男在学生时代是一名优秀的曲棍球运动员,曾代表日本队参加过亚运会。他比任何人都发自肺腑地支持参加奥运会的运动员。

丰田汽车公司在 47 个国家和地区有 233 名签约运动员，其中一些运动员获得了奥运会和残奥会的参赛资格。虽然运动员来自世界各地，但他们有一个共同的集体——丰田汽车公司。东京奥运会举办期间，油管（YouTube）播放了丰田汽车公司内部媒体《丰田时报》（Toyota Times）的《丰田时报运动员秀》（Toyota Times Athletes Now）节目。

在东京奥运会开幕式当天播出的节目中，丰田章男发表致辞：

"大家不仅仅是代表各自国家和地区的选手，还是丰田家族的一员，代表着丰田这个大家庭。我看着大家，就像看着自己的孩子们登上盛大的舞台一样。世界各地 37 万名丰田汽车公司的员工及其家人都在为你们助威加油。所以，请你们安心战斗。丰田大家庭在衷心为你加油。"

在东京奥运会期间，丰田章男三次全程参加《丰田时报运动员秀》节目。

丰田章男曾在各种场合称呼员工为"家人"，面对参赛选手也说"代表着丰田这个大家庭""就像看着自己的孩子们登上盛大的舞台"。他甚至还向所有员工喊话：

"我们要作为家人支持参加东京奥运会和残奥会的选手，为他们呐喊助威。让他们比任何选手都能安心地投入比赛。我是认真的。或许声音不能让他们听到，但心情一定可以让他们感受到。让我们一起在电视机前声嘶力竭地为他们加油吧。"

诽谤中伤参赛选手的事件偶有发生，而丰田章男则表现出举公司之力尊重他们、支持他们的姿态。

2020年8月26日，在东京奥运村发生了一起丰田纯电动自动驾驶汽车撞人事故。丰田章男在接到报告后，第一时间赶到奥运村。他本想探望被撞的选手，但是听说该选手正在接受治疗，且于当月29日还有参赛项目，丰田章男出于比赛为先的考虑，便离开了奥运村。

事故发生的第二天，也就是27日，丰田章男在《丰田时报运动员秀》直播中，解释了事情的经过，并为此鞠躬致歉："发生这样的撞人事故，让大家担心了，非常抱歉。"

说到致歉，还有一件事。2017年，丰田汽车公司的一名年轻男性职员自杀身亡，公司承认自杀原因是受到上司的骚扰。2021年4月7日，双方达成诉讼外和解。丰田汽车公司社长丰田章男本人于2019年11月和2021年4月两次向其遗属当面致歉。

丰田章男认为，现在丰田汽车公司以"量产幸福"为使命，如果让人陷入不幸，当然要致歉。

布局
丰田在未来汽车业的野心

— 关掉手机和计算机 —

进入 2021 年,日本迎来了第 4 波、第 5 波新冠疫情大暴发。丰田章男的高光时刻发生在同年 12 月 14 日,召开了电池动力汽车①战略发布会,发布了"纯电动汽车宣言"。

在全球碳中和呼声日益高涨的情况下,丰田汽车一直坚持混合动力汽车(Hybrid Vehicle)和燃料电池汽车(Fuel Cell Vehicle)并举的"全方位战略"。日本国内和国际上批判丰田"对纯电动汽车持消极态度"的声音四起。丰田章男在 2022 年的新年致辞中说"想挑战所有技术的可能性""想把为之奋斗一生的事业延续至未来""这让我明白了,存在一个我们的想法完全未被理解的世界"。

丰田章男想出了破解这一困局的方法。

"要传达想法,只能用行动。我们的行动就是产品。因此,我们决定向大家展示即将市售的所有纯电动汽车车型。"

从决策到发布会召开,仅用了 50 天。这说明丰田汽车公司很早以前就开始了纯电动汽车的研发。

---

① 电池动力汽车是以蓄电池为动力源的电动汽车。——译者注

"我认为这能向世人展示丰田汽车公司的决心。"

结果,丰田汽车公司的总市值在2022年1月18日首次突破400000亿日元大关。

这就是"纯电动汽车宣言"的成果。"纯电动汽车宣言"将在第一章中详述。

2021年,丰田章男另一个激情之举赚足了眼球。经过一年研发,丰田章男亲自驾驶搭载氢燃料发动机的"卡罗拉运动版"参加了汽车耐力赛。

这是丰田汽车公司朝着实现氢能社会的宏大使命和实现碳中和迈出的第一步。关于这个氢燃料发动机的研发故事,将在第五章详述。

2022年新年致辞的最后,丰田章男说:"在迎接新年之际,我对大家有'三个期望'。"

或许有人觉得,这"三个期望"像是校长对学生的训导。或许还有人觉得,像是父亲对孩子的教导。但是在丰田章男看来,这是对员工无限的"爱"。

第一个期望,挑战新课题。

"每个人开始学习绘画、音乐、运动、驾驶技术或一门新语言等,什么都可以,只要是自己从未挑战过的新课题。"

第二个期望,和世界各地的丰田人取得联系,从他们挑战和自己相同的课题中获得启示。

"通过共享经验、相互支持、结交新伙伴,我们会学到很多,共同成长。"

第三个期望,享受工作之外的时间。关掉手机和计算机,活动身体,享受自由。

"让2022年成为充满勇气和幸福的一年。要多行善举,创造富有乐趣的一年。然后,度过无悔充实的人生吧。"

"健康永远是第一位的。"说完,丰田章男走下了讲台。

这"三个期望"让人感受到了时代在变迁。以新冠疫情为契机,重新审视我们的人生和工作方式。在新冠疫情之前,公司职员奔波几小时去上班,在公司加班加点地工作。这样的"公司人"没有时间陪家人和朋友,更没有精力挑战新事物,结交新朋友。在大量生产推动大量消费的商业模式下,在不断"改善"就能成长的时代,这似乎并无不妥。但是,当今时代更加需要创意和创新,以提供新的价值。

时代发生了变化,又遭遇新冠疫情,很多人不得不居家线上工作。中高层管理者以及很多普通员工都曾有过居家线上办公的经历。

令人意外的是，人们不去公司也很好地完成了工作，工作效率并没降低。丰田汽车公司察觉到了这一巨大变化。这是探索新工作方式的开始。

如果工作方式更为灵活，人们便有余力思考人生。思考自己想要怎样的未来，应该采取怎样的行动。因新冠疫情而迅速普及的居家线上办公模式将推动新的挑战。有了余力再加上进行新挑战的欲望，带来创造性。如何将这种活力转换为增长的动力，成为公司层面的新课题。

数字化也骤然加速。数据被上传云端（利用计算机硬件和软件，通过互联网，线上提供数据服务的新形态）共享，所有人可见。丰田汽车公司形成了公司内外均能共享信息的新商业环境。

丰田章男说："此前，丰田汽车公司存在'熟人本位'的风气。但是在这个没有标准答案的时代，要推动公司向'移动服务公司'转型，就必须打破这一风气。

"信息的价值，在于需者可得，能在必要的时间里便捷地获取必要的信息。然而，我现在想做的是创造出无所不知的超人。

"现在，我希望大家首先挑战这样一件事，就是将自己的已有信息统统投进'信息邮筒'，然后把它设成所有人可读的状态。"

这其实就是意味着实现数字化转型。

现如今，无论工作还是生活，离开数字化技术，人们都将寸步难行。丰田章男反而建议大家要学会暂别数字化设备。

关掉手机和计算机，找回轻松的心情和心态，活动身体，去做自己喜欢的事。如此，心中自会从容，工作状态也将大不一样，也许出人意料的想法和创意就会诞生。

丰田章男就这样对遥远的未来充满遐想。

—— 只做爱车人 ——

演讲完毕，丰田章男离开讲台，走到一旁，随即又转身再次登台。你或许认为这是个小意外，其实他还有未尽之言吧。

然而这次他不是作为日本汽车工业协会会长，也不是丰田汽车公司的社长，而是作为一个寻常人，讲述自己"享受工作以外的时间"。此时他的表情沉静如水。

"我要讲讲自己想做的事。那就是腾出时间享受汽车。单纯作为一个热爱汽车、喜欢驾驶的普通人，而不是丰田汽车公司的首席试车手、社长或日本汽车工业协会会长，也不是'Morizo'。"每说一个头衔，他便弯下一根手指。

"这些话，在去年是没法说的。作为首席试车手，驾驶之后需要给出评价,作为日本汽车工业协会会长又时常受到监督和批判……总之无法做一个纯粹热爱汽车、喜欢驾驶的人。但今年我不想这样了。"

他直截了当说出一个普通人的内心想法,然后笑着说:

"今年,我打算拿出更多的时间享受汽车。所以需要跟大家说,别在我开车的时候打扰我。当然,我也不会以社长身份过多地干预大家。"

会场笑声一片。

"现在我只是一个热爱汽车的人,在享受汽车。我要好好喘口气,请团队务必好好配合。"

最后,丰田章男对台下的员工说:"我的愿望是与各位形成合作关系。"

他张开双臂,大声喊:"干吧!"所有员工都站起来呼应:"干吧!"他说:"我们要动起来!"所有员工也齐声说:"我们要动起来!"

如何行动?如果说丰田章男自担任社长以来的11年间完成了丰田汽车公司的结构改革,是他作为经营者的第一阶段,那么从此刻开始,他的第二阶段正式开启。

丰田章男的新故事也才刚刚开始。

第一章

纯电动汽车:为什么是现在

第一章
纯电动汽车：为什么是现在

令人惊讶的是，2021年12月14日，丰田汽车公司忽然发布了"纯电动汽车宣言"。

当日前夕，丰田章男的心情难以平复，一些终生难以释怀的往事从记忆深处浮出。

2009年8月28日，在美国加利福尼亚州，一辆丰田豪华汽车雷克萨斯ES350失控撞墙，造成车上的一家四口身亡。随后，关于丰田汽车的负面新闻不断被曝出，最终发展成涉及1000万辆丰田汽车的大规模召回事件。

次年2月24日，担任社长才刚8个多月的丰田章男出席了美国国会听证会。虽然之前公司内部以就任社长时日尚浅为由，一致反对其亲往，但他坚持由自己出面化解危机。不豁出去怕是解决不了问题吧？难道社长之位将坐不满一年吗……种种念头涌上心头。

那场听证会长达3小时20分钟。丰田章男躬身道："所有丰田汽车上都刻着我的姓氏。于我而言，车受损即自己受伤。"

虽然最终调查结论表明该起事故并非汽车缺陷所致，但丰田章男确实出席了听证会，而这件事在他的记忆里，无疑是人生中最大的危机。同时，这也是丰田汽车公司历史上最严重的危机，可以匹敌1950年那起将丰田汽车公司逼至破产边缘的劳资纠纷。正是这次悲壮的体验，形成了他作为领导者的理念基点。

大规模召回事件发生后，《洛杉矶时报》的一位记者为冲击普利策奖，撰写了一系列批判丰田汽车的煽动性报道。当时的美国运输部部长甚至发言说"丰田车主应立刻放弃驾驶丰田汽车"。听证会的前一天，美国广播公司播放了南伊利诺伊大学的教授指证丰田汽车缺陷的实验视频。后来视频被证明纯属捏造。

美国的丰田汽车召回事件愈演愈烈，丰田汽车公司在日本国内召开了记者会，但是因为公司应对不当，舆论对丰田汽车的猛烈围攻持续了两个多星期。

严苛的媒体报道和舆论，多年后在丰田汽车公司的纯电动汽车战略上重演。

如出一辙，海外新闻界和环保组织以丰田汽车公司对纯电动汽车态度消极为由，展开了一轮猛烈抨击。《纽约时报》的报道更是大肆渲染丰田汽车公司拖慢了纯电动汽车的发展进程。而欧洲的环保组织"绿色和平",更是把丰田汽车贬入尘埃,把丰田汽车公司列在"汽车制造商气候变化对策排名"的倒数第一名。

当时,丰田汽车公司的纯电动汽车战略广受媒体诟病,风评极差。媒体还把丰田汽车公司对纯电动汽车的消极态度和不作为行为,归结于丰田章男对纯电动汽车的厌恶。这些一边倒的恶评,再次将丰田汽车公司置于风口浪尖。

在当今社交网络服务鼎盛的时代,为博流量,网络社交媒体上的言论愈加激烈,负面信息的扩散速度相当惊人。这样的案例屡见不鲜。一旦舆论发酵,无论事实怎样,事态也难以控制。在这种情况下发布"纯电动汽车宣言",还能获得理解吗?

如果"纯电动汽车宣言"被负面解读,可以预见的是公司形象受损和股价下行。届时还会招来媒体更为猛烈的抨击。公司内部是什么意见?供应商持什么看法?……种种担忧接连出现,但最终又一一消散。

可能有人会说,丰田汽车是"王者",无论谁说了些什么,公司都不为所动,泰然自若就行了。

布局
丰田在未来汽车业的野心

— 积累的财富 —

发布会当天，丰田章男出现在位于东京台场的丰田汽车体验馆明晃晃的舞台中央。笔者坐在第二排，清楚地看出他焕发出异于平日的风采。他的表情、眼神和姿态，都让人感受到他勃勃的雄心。

在他的身后，五辆崭新的汽车一字排开。它们是丰田汽车公司新推出的"bZ 纯电动汽车系列"。还是那样张开双臂，丰田章男开始了他的演讲。

"今天，请容许我讲一下丰田的碳中和战略，特别是其中的最优选项纯电动汽车战略。"

这就是丰田的"纯电动汽车宣言"。

介绍完身后 5 辆纯电动汽车的特点，他补充道：

"2030 年前，我们将开发出 30 款纯电动车型，面向全球，全方位提供乘用车、商用车等细分市场的纯电动汽车产品。我们的目标是 2030 年的纯电动汽车的年销量达到 350 万辆。"

讲到这里，舞台的背景帘幕忽然落下，犹如节目演出中的"落幕"。11 辆纯电动汽车蓦然映入观众眼帘，台上陈列的纯电动汽车达到 16 辆。

第一章
纯电动汽车：为什么是现在

大约在 7 个月前，即 2021 年 5 月，丰田汽车公司曾宣布 2030 年纯电动汽车年销量目标为 200 万辆。仅过去了 7 个月，这一目标追加了 150 万辆之多。

对于 30 款车型、350 万辆这两个数字，丰田章男在回答记者提问时表示，"这是一个天文数字，是戴姆勒股份公司、标致雪铁龙集团①和铃木汽车公司全部纯电动化后的规模"。提出"350 万"这一数字，代表着丰田将深耕纯电动汽车的承诺。他斩钉截铁地说："如果这还叫不积极，那怎么才算积极？"

丰田章男进一步宣布要将雷克萨斯打造成纯电动汽车专用品牌。

"到 2030 年，雷克萨斯将实现全系纯电动阵容，并在欧洲、北美、中国实现产品 100% 纯电动化，全球目标销量达 100 万辆。而且到 2035 年，要在全球范围实现 100% 产品纯电动化。"

特斯拉、奔驰以及雷克萨斯等高端车品牌车主，一般都具有较强的环保意识。雷克萨斯向纯电动彻底转型可以说是合情合理的。

---

① 是法国一家私营汽车制造商，旗下拥有标致、雪铁龙、DS、欧宝、沃克斯豪尔五大汽车品牌。——译者注

布局
丰田在未来汽车业的野心

丰田章男之所以敢于提出 30 款车型、350 万辆这样激进的目标,是出于对电池研发、生产、调配的强烈自信。

"在电池领域,丰田汽车公司长期致力于自主研发和生产。"

早在 1996 年,丰田汽车公司便与松下公司合资成立了鼎盛地球电力能源公司(Primearth EV Energy,简称 PEVE)公司,研发镍氢电池,于 2003 年开始进入锂电池领域。2008 年,其专门成立电池研发部,研发全固体电池等下一代电池。2020 年,丰田汽车公司和松下公司成立了新的合资公司鼎盛星球能源公司(Prime Planet Energy and Solutions,简称 PPES),整合了电池业务。

"26 年里,我们投资近 10000 亿日元,累计生产超过 1900 万块电池。这期间积累的经验就是我们的财富,是我们的竞争力。"

电池占纯电动汽车生产成本的三四成。因此,降低电池价格是普及纯电动汽车的关键。汽车产业是国家的战略性产业,而决定纯电动汽车性能和价格的电池研发,反映的是国家间竞争的面貌。

丰田汽车公司在 9 月曾宣布在 2030 年前投资 15000 亿日元用于电池研发和项目供给。而在"纯电动汽车宣言"中,该投资额被上调至 20000 亿日元,追加了 5000 亿日元。此外,丰田汽车公司还将投资 40000 亿日元发展混合动力汽车和燃料电池汽车等，加上投在纯电动汽车上的 40000 亿日元（含电池投资 20000 亿日元），共计将投资 80000 亿日元。

同时，丰田汽车公司还宣布以 2025 年为期，在日本全国各销售网点安装快速充电设施。

—"纯电动汽车宣言"背后的隐情—

一向被认为对纯电动汽车态度消极的丰田汽车，为什么要在此时隆重发布"纯电动汽车宣言"？承诺能够兑现吗？给出惊喜的背后或有隐情。

隐情一，全球纯电动汽车浪潮比丰田汽车公司预想的来得要早。

2021 年 7 月 14 日，欧盟委员会公布了大幅削减温室气体的一揽子方案，拟在 2035 年禁售内燃机汽车（含混合动力汽车）。一个月后，美国拜登政府设定了 2030 年将零排放汽车销量所占份额提升至 50% 的目标。

德国大众汽车公司提出 2035 年在欧洲停止销售内燃机汽车的方案，并设定了 2030 年在欧洲市场将纯电动汽车销售比例提升至 70% 的目标；德国梅赛德斯-奔驰汽车公司宣布于 2030

年所有车型纯电动化；斯特兰蒂斯汽车集团宣布旗下14个品牌全面导入纯电动汽车和插电式混合动力汽车（Plug in Hybrid Vehicle，可从外部连接电源充电），到2030年欧洲市场新售车辆实现100%纯电动化，美国市场50%纯电动化；英国捷豹汽车公司宣布2025年转型为纯电动品牌；瑞典的沃尔沃汽车公司发布了到2030年所有新售车型纯电动化的目标。欧洲各大汽车品牌一致转向纯电动汽车，全球纯电动汽车浪潮已成定局。

2020年10月26日，日本首相菅义伟在临时国会发表施政演说时，突然提出日本将在2050年实现温室气体零排放的目标。此外，菅义伟于2021年4月还公开表示，日本力争2030年的温室气体排放量比2013年的减少46%。媒体报道称这将意味着取消燃油车。

隐情二，时机已成熟。纯电动汽车产品化的各项要素如技术和成本等，水平不断提高，时机已然成熟。

这从"纯电动汽车宣言"后记者会上的一个问答便可窥一斑。有位记者问："社长，您是喜欢还是讨厌纯电动汽车？"丰田章男似乎很满意这个提问，笑着回答：

"我对过去的丰田纯电动汽车没兴趣，对未来丰田生产的纯电动汽车充满兴趣。这就是我的回答。"

第一章
纯电动汽车：为什么是现在

2013 年丰田章男担任丰田汽车公司首席试车手，成为公司 300 多名试车员中的王者。一次，他在东京台场 MEGAWEB 汽车体验馆的试车道上试驾丰田 86 纯电动样车后，感慨说："嗯，终究是纯电动的。"意思是没有车"味"。

评价不高，这就是"我对以前的丰田纯电动汽车没兴趣"。但是后来丰田章男对纯电动汽车的评价出现重大转变。

2019 年，他试驾了保时捷首款纯电动跑车 Taycan。Taycan 虽为纯电动汽车，却继承了保时捷传统的强悍性能，完美体现了保时捷"味道"：踩下加速器瞬间获得响应，加速表现优异；振动小；动力强劲却很安静；平顺沉稳的输出又带来了独特的驾乘感受。

丰田章男因此察觉到了纯电动汽车的巨大可能，并被其殊异于燃油车的行驶感深深吸引。这就有了"对今后丰田生产的纯电动汽车充满兴趣"。

他开始挑战创造纯电动汽车的雷克萨斯"味道"。

"现在，纯电动力有着燃油发动机所没有的附加价值。"丰田汽车公司的首席品牌官佐藤恒治说道，他同时还是雷克萨斯子公司和丰田 GR 公司的社长。

电动机驱动比发动机驱动响应更快。并且，由于不用变速箱，无换挡顿挫，加减速都很平顺。

"电动机驱动效率高于燃油车。搭建四驱（四轮驱动车）平台后，可实现在前驱模式和后驱模式间自由切换的操作。"丰田章男说。

他作为试车员接受技能培训时，训练用车是后轮双驱的。近几年，作为车手 Morizo 正式参加拉力赛和耐力赛后，他的"搭档"变成了四驱。

纯电动汽车以电动机取代燃油机，通过自由控制电动机的驱动力，可根据行驶环境选择合适的驱动方式。

"如果可以这样控制，那 Morizo 赛车去任何赛道、任何拉力赛场都能够安全驰骋吧。"丰田章男说。

总之，纯电动平台提供了一种可能性：造出无惧山路、雪道，在任何路况皆能安全疾驰的汽车。

"为了创造出雷克萨斯'味道'，我们接受了首席试车手千百次的打击，经过反复锤炼，终于找到了纯电动化的可能性，能让丰田汽车稍稍展颜。"

但是，按照丰田章男的说法，即使创造出控制系统的"味道"，如果车身研发没跟上，就像是天妇罗搭配一碗坨了的乌冬面。

基础骨架、行驶系统、车身刚性等，只有经过踏实勤恳的积累，才能造出丰田品质的纯电动汽车。丰田汽车公司通过全新的造车理念"丰田新全球架构"积累了大量技术知识和经验。对此，将在第三章详述。

— 为什么坚持全方位战略 —

丰田章男发布"纯电动汽车宣言"，并非要降下早已立起的"全方位战略"大旗。而是在纯电动汽车领域正式发起反击的同时，坚持混合动力汽车和燃料电池汽车并进的全方位应对方略。这一点很难理解，甚至让人"无法理解"。尤其海外媒体和环保组织对此评价极低，质疑其并不是真正想发展纯电动汽车。

该怎么解释呢？丰田电动车阵列包括长期保持优势的混合动力汽车、插电式混合动力汽车、燃料电池汽车以及纯电动汽车。而如今这个阵列的排头兵就是纯电动汽车部队。

纯电动汽车市场，现在已经有苹果公司及一些信息技术（IT）企业跨行业加入，甚至索尼公司也宣布考虑正式进军纯电动汽车市场。

"如果索尼公司正式进军汽车行业，也会加入日本汽车工业协会吧,我很期待。"丰田章男在日本汽车工业协会的记者会上说。

纯电动汽车浪潮如火如荼。丰田章男在"纯电动汽车宣言"发布会上回答记者提问时说:"我们未来将一如既往地认真推进全方位布局,紧随市场和顾客动向。这才有助提升公司的竞争力,是我们生存下去的最佳方略。"

按照丰田章男的说法,不能抛开世界各地的能源现状空谈纯电动汽车的普及。什么样的汽车环保性能最有利于实现碳中和,受当地的能源结构左右。

比如,国内纯电动汽车比例达 69%、居世界首位的挪威,水力资源丰富,水力发电可以满足全国 95% 的电力需求。所以,纯电动汽车可以靠绿色能源驱动。

在日本,据经济产业省统计,2020 年度可再生能源只占总发电量的 19.8%,76.3% 是火力发电。也就是说,即使增加纯电动汽车,电池所蓄电力的生产过程也会排出二氧化碳,对碳中和的贡献有限。

不只是日本,印度等新兴国家的电力需求也多依靠煤炭火力发电。在这些国家推进纯电动化,可能反倒会增加二氧化碳排放,产生燃煤发电和电力驱动之间的供需矛盾。不仅如此,如果鲁莽地推动纯电动化,可能还会导致电力供应不足和电价上涨。因此,全球统一推进纯电动化并不是最优选择,而是应该根据当地的能源状况提供多样化的动力传动(将动力传递为推进力的装置)。也就是哪种汽车适用由当地所处环境决定。

"纯电动汽车宣言"记者会上,丰田章男还说道:

"现在,我们生活在一个多样化的世界,一个没有标准答案的时代,仅凭一个选项很难让所有人幸福。所以,丰田汽车想做的是尽可能为全球用户提供多个选项。"

丰田汽车公司搞研发的基本姿态是"用户所需"。站在制造顾客想要的车的立场上,扩充选项是合情合理的。因此,丰田汽车公司才坚持"全方位"产品阵容。

并且,俄乌冲突爆发后,世界能源问题混沌不明,未来情形愈加难以预测。

丰田汽车公司是一家在全球170多个国家和地区开展汽车销售的全球性企业。实际上,很难想象在印度、非洲乃至亚洲其他国家,会像欧洲各国那样快速形成纯电动汽车市场。可以说,"全方位战略"是丰田汽车公司在世界上发挥存在感并赢利的金科玉律。

"碳中和的关键是能源。现阶段,各个地区的能源状况存在很大的差异。所以，丰田汽车公司要根据各个国家和地区的不同情况和需求，为实现碳中和提供多样性选择。"

丰田汽车公司之所以准备多样性选择，是因为应对变化也很重要。每一项选择丰田汽车公司都会全力以赴，一旦下定决心，就能快速采取行动。

"在这个没有标准答案的多样化时代，根据市场动向灵活调整产品种类和数量非常重要。"

丰田章男进一步强调"不会抛弃任何一个人"。这指的是就业岗位问题。

汽车制造 75% 的零部件靠外部采购，需多家供应商支持。和发动机汽车相比，纯电动汽车的整车零部件要少很多，迅速推进纯电动化将引发供应商的存亡问题。

"这样一来，那些一直勤恳工作的公司和员工，甚至会怀疑'我之前的人生算什么？'我希望汽车产业的人没有这样的想法。希望他们认为自己之前的人生'是有意义的'。丰田汽车公司期待同大家一起为此努力。"

丰田汽车公司认为应该守护包含发动机技术在内的造车文化以及相关联的就业岗位。很难想象，在电力保障和制造电池所需资源短缺等诸多本质问题没有得到有效解决之前，仍激进地普及纯电动汽车。丰田章男希望在维护汽车产业稳定的同时,结合外部环境逐步推进向电动化的转型。

"未来需要大家一起创造。大家齐心协力,以顽强的意志和饱满的热情积极行动,就能留给下一代一个美丽的地球和无限笑容。我相信,这必将实现!"

说着,丰田章男竖起右手大拇指,举起拳头做出胜利的手势。他一定感受到了回应。

—— 与埃隆·马斯克合作的启示 ——

"纯电动汽车宣言"令外界惊讶不已,其实丰田汽车公司早就进行了严密的布局,绝无忽略纯电动汽车的研发。

若非这样,就不会在发布会现场,上演一出忽现16款纯电动车型的"魔术"。世界之大,也没有哪个车企能凭空做到。

丰田汽车公司还有同特斯拉汽车公司共同开发纯电动汽车的案例。事情始于丰田章男造访美国特斯拉汽车公司总部,试驾了一款特斯拉汽车。

他同特斯拉汽车公司首席执行官埃隆·马斯克(Elon Musk)一见面便意气相投,产生了合作的意愿。仅经过一个月的沟通,就开启了双方共同开发纯电动汽车的 10 年合作。同年，特斯拉汽车公司收购了丰田汽车公司和通用汽车公司共同成立的合资公司新联合汽车制造公司的部分土地和厂房，缘分可谓不浅。

马斯克充满速度感的决策能力、集中投入纯电动汽车的冒险精神、带着睡袋守在电池工厂建设现场的敬业程度，还有特斯拉汽车公司比丰田汽车公司轻盈的组织架构，这一切都让丰田章男对马斯克的行动力赞叹不已。

2012 年，双方共同研发的搭载特斯拉纯电动系统的 SUV 丰田 RAV4 EV，在新联合汽车制造公司开始投产。但是这款车并未在市场上激起很大的反应。随后，丰田汽车公司同特斯拉汽车公司的合作便不了了之。丰田汽车公司最终出售了持有的特斯拉汽车公司股份，终止了合作。

但是，丰田汽车公司并未停止纯电动汽车研发，还专门组建了社长直辖的纯电动汽车事业企划室开展新事业规划，相当于一个集团内部的风险企业。企划室从丰田汽车公司、丰田自动织机公司、爱信精机公司（现爱信）和电装部门各召集一人，成立 4 人团队。室长由研发第四代普锐斯汽车的总工程师丰岛浩二担任。

丰田汽车公司一直在努力探索纯电动汽车的可能性。

一般认为，全新的智能出行概念"出行即服务"（Metal as a

Service)[1]将极大地改变人们的出行方式。充分利用信息通信技术（information and communications technology），将各种交通运输方式在云端整合，打破各种方式间的数据壁垒，实现无缝衔接。但是"出行即服务"的最后一公里（千米）尚未得到有效填补。打车，因费用和距离的问题，毫无性价比可言，步行对高龄人士来说又不现实。最有希望实行的解决方案，是一种具备自动驾驶功能的超小型纯电动共享汽车。

丰田汽车公司研发适用于各种场景的超小型纯电动汽车，可以助力实现移动自由。除C+pod微型车和C+walkT外，还有在东京奥运会大显身手的e-Palette概念车。丰田汽车公司认为，这是普及纯电动汽车的开端。

为普及超小型纯电动汽车，丰田汽车公司还尝试脱离"生产-销售"的传统商业模式。改变传统"单品售卖"——生产纯电动汽车，批发给销售网点，再销售给终端用户——的商业模式，获得法人和自治体地方政府等更广泛的客户群。同时，为

---

[1] 即一种交通理念，或者说交通出行服务模式。简单来讲就是以信息通信技术为轴，提升交通服务质量。在这一理念下，出行被视为一种服务。所有出行服务整合至一站式平台，各种交通方式之间无缝对接。出行者可以依据出行需求，购买由不同运营商提供的出行服务。——译者注

布局
丰田在未来汽车业的野心

构建租赁获利的商业模式,推出"续费订购"。

具体来讲,就是探索将超小型纯电动汽车租借给法人和自治体地方政府等。法人租赁后公司员工可以共享,自治体地方政府租赁后附近居民可以共用。目前,丰田汽车公司已经同约40家企业和自治体地方政府建立了包括废弃电池再利用及电池材料回收在内的业务模式。此外,丰田汽车公司还着眼于车辆整个生命周期降低成本。

"制造世上没有的产品,必须做好万全的准备,否则通常不被市场接受。我们一直在招募志同道合的伙伴。"(丰田汽车公司原副社长、现执行董事寺师茂树)

2018年,丰田章男在国际消费类电子产品展览会(Consumer Electronics Show)上宣布"从造车公司向出行即服务公司转型"。在纯电动汽车的世界里,丰田汽车公司的这种姿态在一点点成为现实。

—— 车辆和电池的一体化研发 ——

在纯电动汽车领域,得电池者得天下。纯电动汽车的生产不能没有稳定的电池供给。以欧美的汽车制造商为首的各大车企对电池投资的热情高涨，原因就在于此。

德国大众汽车公司宣布2030年前将在欧洲运营6家电池工厂；美国通用汽车公司和韩国乐金（LG）集团计划在2025年前合资建立4家电池工厂。

如此看来，丰田汽车公司在"纯电动汽车宣言"中宣布的20000亿日元电池事业投资，并不激进和拔尖。更像是这股电池投资热潮的观察者，以审慎务实的丰田方式推进着自身的电池战略。在电池研发和生产领域，丰田汽车公司有自己的优势，绝未落后于人。

自推出第一代普锐斯汽车，丰田汽车公司踏实积累了逾20年的电池研发经验。

"造电池，我们比其他公司有经验。"时任丰田汽车公司纯电动汽车工厂本部长[①]丰岛浩二在线上发布会上说。

丰田汽车公司长年坚持自行研发和生产电池，并以相应的技术知识和经验为基石，稳步发展电池事业。

丰田汽车公司生产电池最重视安全性保障。

---

① 本部长通常管理一个区域或管理几个部，通常管理一个区域或管理几个部，类似区域总监。——编者注

锂离子二次电池在制造过程中，有时会有金属异物混入，反复充放电，甚至会突破隔离器，导致内部短路（电池内部正极和负极接触），引发火灾。另外，发生相撞事故时，外部冲击力过大导致电池破损，也有可能引发火灾。而且充电速度过快也可能导致电池过热起火。

实际上，其他国家的电动汽车火灾事故时有发生，部分原因在于为降低电池成本采用了低端材料。而日本的电动汽车较少在交通道路上发生过火灾事故。

再就是成本，要将纯电动汽车的价格和燃油车拉平，控制电池成本是关键。丰田汽车公司拒绝采取简单的削减成本的政策。"我们将以丰田自己的方式挑战降低成本。"丰田汽车公司副社长兼首席技术官前田昌彦说。

要同时保证电池的安全性和低成本，重要的是进行车辆和电池的一体化研发。"充分利用自行研发和生产电池的技术经验和数据，进行车辆和电池一体化研发，可以高维度平衡安全、长寿命、高品质、高性价比、高性能五大要素。单独的汽车研发和电池研发都很难做到这一点。只有两者一体研发才有可能。"前田强调。

什么是"高维度平衡五大要素"呢？如前所述，如果为追求高性能过于提高充电速度可能引起电池发热起火，难保"安全"。而过分执着于高品质，则价格升高，难以实现"高性价比"。所有因素都相互牵制。

为探索五大要素的平衡点，丰田汽车公司通过改变行驶条件和使用环境获得实际行驶数据，反复验证置换为电池后的条件变化及电池内部变化。

能够踏实地开展这项工作，是车辆和电池齐头并进的丰田汽车公司的优势。

目标是电池成本减半。

首先，力争通过材料和结构研发削减超 30% 的电池本身成本。同时，争取 bZ4X 以后的车型百公里耗电降低 30%。计划在 21 世纪 20 年代后半期实现每块电池成本比 bZ4X 降低 50%。

其次，开发电池不使用钴、镍等稀缺资源的电池材料。担此重任的是丰田集团旗下的丰田通商株式会社。

— 全固体电池的风口 —

丰田汽车公司在推进电动汽车全阵容的过程中，也在同时打造电池的全阵容。之所以如此，是因为不同系列的电动汽车需要不同性能的电池。比如，油电混动车要求爆发力，而插电式混动车则要求耐久力。

其中，最引人关注的是全固体电池。它有望实现高输出、长续航里程以及缩短充电时间。今后的纯电动汽车领域，全固体电池将具有压倒性优势，但目前还没有企业可以将其实用化。

2020年6月，丰田汽车公司制造出搭载全固体电池的汽车，并在试车道上进行了行驶试验，收集了车辆行驶数据。同年8月，为搭载全固体电池的汽车申请车牌号，在交通道路上试验行驶。次年，也就是2021年9月，在电池发布会上展示了试行驶状态的视频。公开披露全固体电池驱动汽车的实驾影像，在世界上尚属首次。

丰田汽车公司计划首先在混合动力车上搭载全固体电池，时间为2025—2030年。

电池制造有一个不确定因素——欧洲正在尝试制定车载电池新规则。

比如，电池电压提升至现在的两倍，到800伏特。丰田汽车公司不得不为此采取对策。另外，作为原材料的稀有金属争夺战愈演愈烈，其价格恐会攀升。

丰田汽车公司现在除了和松下公司共同成立了生产混合动

力车用电池的 PEVE 公司和 PPES 公司外，还与中国的宁德时代公司合作生产电池。

2021 年 10 月，在美国市场正式销售纯电动汽车前，丰田汽车公司宣布在美国建立第一家车载电池工厂，到 2030 年共投资 34 亿美元。运营这家工厂的新公司，丰田汽车公司出资 90%，丰田通商株式会社出资 10%。

美国是丰田汽车公司的重要据点，美国市场纯电动汽车销量如何，取决于当地能否有稳定的电池供应。

对电池生产线的投资，丰田汽车公司采取的是小步稳进的方针。

"充分利用车用燃料电池的研发和生产经验，尽量控制每条生产线的投资额，小幅进行必要投资，是我们的风格和特征。"丰田汽车公司首席产品官冈田政道解释说。

丰田汽车公司谨记稳健投资和审慎扩大产能，精细化调整计划。燃油车生产线也同样如此。贯彻丰田式以小育大的理论，也是找准正式普及纯电动汽车时机的作战策略。

具体目标是，到 2030 年建成 70 条生产线，电池生产能力提高 32 倍，年装机量从现在的 6 吉瓦时提升至 200 吉瓦时。控制每条生产线的产量和工人数量，缩短建立生产线的准备时间，降低投资单位。

── 国家间的激烈竞争 ──

在全球脱碳浪潮背景下，世界各大汽车制造商都在全电动化领域展开竞争。如前所述，丰田汽车也宣布将2030年纯电动汽车全球销售目标提升至350万辆。纯电动汽车的存在感大增。

这股浪潮也涌入了日本市场。2019年，特斯拉汽车公司率先将Model3投放到日本市场；随后梅赛德斯－奔驰汽车公司和保时捷汽车公司也相继在日本推出纯电动汽车；2022年，沃尔沃汽车公司开始在日本销售C40 RECHARGE车型；德国大众汽车公司于2022年在日本市场投放量产纯电动汽车ID系列；现代汽车公司也于同年宣布，时隔13年携纯电动汽车重返日本市场。

日本政府为实现脱碳社会，也在积极推动纯电动化转型。鉴于目前日本纯电动汽车普及率落后于欧美国家，日本政府除宣布将纯电动汽车的购车补贴额度提升至最高85万日元外，还计划在2030年前将充电设备由现在的3万座增加到15万座。

第一章
纯电动汽车：为什么是现在

丰田汽车公司 2022 年发售首款量产型纯电动汽车 bZ4X。bZ4X 是纯电动品牌"bZ 系列"第一批纯电动中型 SUV。续航里程最长约 500 千米，直逼特斯拉 Model3 和日产 ARIYA。

这款车使用了和斯巴鲁汽车公司共同研发的低重心、高刚性的纯电动汽车专用平台 eTNGA。采用斯巴鲁汽车公司的全时四驱系统技术，实现电动机特有的高精度驱动控制。

bZ4X 的生产在日本和中国进行。于 2022 年 5 月起开始在日本国内租售，同年中期在欧美和中国市场发售。也就是说，在纯电动汽车需求旺盛、可再生能源供给充足的地区率先销售。制造商希望的指导价格为 600 万日元起。

纯电动汽车时代要正式到来了吗？

从世界整体看，纯电动汽车在新车销售中所占比例还很低，只有挪威一枝独秀。据推算，全球范围的纯电动汽车普及率到 2030 年也只能到 15%～20%。

目前全球市场新车销售，内燃机汽车依然是主流，燃油车和混合动力车占绝对多数。

汽车行业兴衰更替受政治动向支配。欧洲此前看好二代车，集中发展柴油发动机车。但是，2015 年，德国大众汽车公司被曝出尾气检测造假丑闻，柴油发动机车跌下神坛。大众汽车公司便以向纯电动汽车转型为契机，洗刷丑闻的影响。

燃油车会被纯电动汽车取代吗？目前形势还不明朗。从各国能源情况来看，很难在全球市场实现仅售纯电。不能排除随着政治形势的变化，未来不得不修正纯电动化转型轨道的可能。

届时，投入全部经营资源发展纯电动汽车的制造商，当如何应对？那些将新车销售完全押宝在纯电动汽车上的车企能否存活下来？

丰田汽车公司的"全方位战略"是考虑各国能源状况和用户需求的结果。不过，除此以外，丰田汽车公司或许还有纯电动化转型轨道一旦被修正的预想。又或者，丰田汽车公司以特有的谨慎，洞察到来自纯电动化激进转型的危险。

丰田汽车公司以雄厚的财力保证实行"全方位战略"。这是不是"上上签"，目前还未可知。但是，假使纯电动化转型轨道被修正，那些专门生产纯电动汽车的领域必然会发生"大地震"。真有那一天的话，手握制胜机会的便是坚持"全方位"投资的丰田汽车公司。

第二章

Morizo：终极感测器的真容

第二章
Morizo：终极感测器的真容

前两年有位年过六旬的朋友问我："我感觉丰田的车变了很多，这是为什么呢？"其实近年来我也有这种感觉。是啊，为什么会变呢？

"这个嘛……"我想向他解释，却一时语塞。

朋友算不上一个爱车之人，平时只有去打高尔夫球的时候才会驾车，是典型的周末司机。顺便说一下，他开的是进口车，所以对丰田车并不了解。

即使我跟他说，车的改变是因为丰田制造技术出现了变化，恐怕也很难让他理解。要解释清楚丰田车变化的真相，实在不是三言两语可以做到的。事实上日本还有很多驾车人和他一样并不算懂车，却也和他一样感觉到了近年来丰田车的变化。或者正因此，丰田汽车才会如此畅销吧。

如果非要深究原因，那么可以从丰田汽车公司社长丰田章男对汽车和赛车运动的热爱说起。

为赛车运动热血沸腾

有这样一段话：

正如运动员在奥运赛场上挑战自己的极限，汽车比赛是在赛车场上发挥汽车的最大性能，在竞争中改良、进步，激起车迷的兴趣。……所以在乘用车制造刚刚起步的日本，赛车不单单是兴趣本位的比赛，对日本乘用车制造产业的发展来说，更是不可或缺的。

这是丰田汽车创始人、丰田章男的祖父丰田喜一郎在《赛车与国产汽车工业》中的一段话。这是他生前最后一次公开发表文章，刊登在1952年3月号的《爱知丰田》杂志上。

丰田章男对赛车运动的热爱就源于此。

1954年，《本田社报》刊登了著名的《曼岛TT参赛宣言》，赛车奇才本田宗一郎宣布要挑战两轮比赛的世界最高峰。曼岛TT赛始于1907年，历史悠久，每年6月在英国曼岛举行。

丰田喜一郎的文章《赛车与国产汽车工业》比本田宗一郎的《曼岛TT参赛宣言》还要往前追溯两年。也就是说，丰田接触赛车运动并不晚,也不落后于本田。这还真是出乎意料、鲜为人知的事实。

丰田汽车参加赛车运动的历史可以追溯至1957年的环澳大利亚拉力赛。从这以后,除国际汽车联合会的世界汽车拉力锦标赛和世界汽车耐力锦标赛外,丰田汽车还参加了日本国内市售车的拉力赛和纽博格林24小时耐力赛。20世纪70年代到90年代,丰田汽车在赛场上取得了辉煌的战绩,对此后面会详细介绍。

正如丰田喜一郎的文章中指出,丰田汽车的赛车运动最初是以"制造更好的汽车"为目的。那么对赛车运动的热情,就是丰田章男的基因。他与对摩托车比赛如痴如醉的本田宗一郎,在赛车这件事上可谓双壁争辉。

本田宗一郎也认为,为比赛而生的赛车技术可以应用在市售车上,他曾说"F1(FIA Formula 1 World Championship,世界一级方程式锦标赛)是行驶的实验室"。在比赛能锤炼汽车这一观点上,丰田章男也毫不含糊。

丰田章男中年时,赛车之心觉醒。在其后的近20年里,他坚持社长与赛车手的双重身份,不断呼吁"要制造更好的汽车"。

赛车运动促进"制造更好的汽车"被丰田汽车公司印证。2021年，职业赛车手小林可梦伟获得了世界汽车耐力锦标赛冠军，而他在比赛中驾驶的丰田混合动力赛车，从20世纪60年代后期研发开始至今，一直在持续改进改善，燃效获得大幅提升。

每当大赛将至的那几个月，赛车都要更新发动机和结构，否则很难赢得比赛。结果就是赛车的技术开发速度要比市售车快好几倍。尽管持同样观点而热衷赛车运动，丰田汽车公司和本田汽车公司的风格却大相径庭。可以说，与本田汽车公司喜欢大张旗鼓地宣传比赛结果相比，丰田汽车公司对待比赛的态度更加质朴务实。

外界批评丰田章男把大量精力投入在赛车运动上是"公子哥的玩物丧志"。统领全球37万名员工的丰田汽车公司社长参加赛车运动，公司内部对此也不乏反对声："太危险了""请注意自己的身份"。这种担心并非没有来由，本田宗一郎29岁时（1936年6月），参加了在东京多摩川河畔的多摩川高速公路上举行的全日本汽车大赛，在即将到达终点时，与侧边驶出的汽车相撞，身受重伤，差点丧命。

但丰田章男不以为意，赛车手Morizo仍然驰骋在赛车场。如果说"不务正业"是指沉迷于本职工作以外的领域，那么丰田章男在社长职务以外享受赛车运动被说成"不务正业"倒也不无道理。

有一次,我在赛道上问身穿连体赛车服的 Morizo:"比赛时,你看到什么样的景色?"

他回答:"是'无'。我是这么想的,公司出了任何问题,社长都要负责。作为'最后一关',平日里真的很辛苦,大脑根本没有休息时间。赛车固然很危险,但因为精力全部集中在驾驶上,眼里心里统统归于'无'。身体虽然很累,大脑却非常放松。"

也就是说,冒着生命危险在赛场追风逐电,超越日常的"我",以抵达"无"的境界。

丰田章男的修行意愿一向强烈。长野县御岳山三合目[①]处有一处瀑布达 30 米落差,名曰新瀑,丰田章男曾经在那里进行"瀑布修行"。作为丰田家族的公子进入丰田汽车公司后,他总被周围赋予滤镜,被视作纨绔子弟,甚至还被暗中使绊子,导致他数次想从公司离职。他经常带着"为什么我要姓丰田""我到底是谁"的苦闷和疑惑,来到这处瀑布,内心一遍遍接受冲

[①] 合,是日本表示山的高度的单位,把一座山的高度十等分,从低到高分别是一合目、二合目、三合目……十合目。——译者注

刷。这就是丰田章男坚持了10年之久的"瀑布修行"。

而他的赛车运动修行至今仍在继续,已近20个年头。正如丰田喜一郎所说,一切都是为了"制造更好的汽车"。丰田章男心无旁骛。

领导者必须具备的一个条件是意志坚定。不管是谁,说了什么,丰田章男都不会放弃赛车运动。原因就是他说的那句话——"因为我喜欢车。"

喜欢一件事,就去做到极致。所以披荆斩棘,天地乃宽。

丰田章男把"爱车之心"传递给每一个丰田人,于是形成执着于"更好的汽车"的企业风尚。

— 46岁挑战赛车运动 —

有一个惊人的排行榜。

2021年日本国内乘用车新车品牌销量前10位排名中,第1名为丰田雅力士,第2名为丰田ROOMY[1],第3名为丰田卡罗拉,第4名为丰田埃尔法,丰田汽车囊括前4名。再加上第6名的

---

[1] 一款丰田5座多功能车。——编者注

RAIZE[①]和第 7 名的 HARRIER[②]等，销量前十强，丰田夺其八。至此，丰田汽车在日本国内的市场占有率已经超过了 50%。

为什么丰田汽车爆款频出？为什么丰田汽车得到年轻一代的拥戴？最后回到本章开头我那位朋友的疑问，为什么丰田汽车变了？下面我们依次思考一下。

要寻找答案，必绕不开丰田汽车第三代创业者丰田章男和他大力倡导的"制造更好的汽车"。这句话改变了丰田汽车制造的面貌。其背景是丰田章男对赛车运动的热爱。对此将在后面另行论述。

作为领导者，有时需要一旦意识到错误就不惜朝令夕改的灵活，但提出的基本理念和想法不能轻易改变。因为一旦发生动摇，下属将茫然不知所措。

丰田章男毫不动摇。在他 2009 年 6 月就任社长之前，他就一直在公司内部强调"要制造更好的汽车"。很简单的一句话，丰田章男坚持讲了三十多年。这是一种执念，甚至可以说是顽固。

索尼公司前社长平井一夫在其著作《索尼再生》（日本经济

---

① 丰田旗下小型运动型多功能车。——编者注
② 丰田的一款中型运动型多功能车。——编者注

新闻出版）中，这样评价丰田章男：

"比我早3年就任社长，不断对员工说'要制造更好的汽车'，不是一两年，而是一直。即使如丰田先生这样能够释放强大凝聚力的领导者，要改变如此庞大的组织的意识，也必须不知疲倦地重复同一句话，他深知这一点，并坚持执行。"

丰田章男首次正式说出这句话，是在2009年4月1日的新年度方针演说上。已经确定将在同年6月就任丰田汽车公司社长的丰田章男，当时以副社长身份登上演讲台。他身着工装，向西装革履的管理干部们呼吁"我们要制造出更好的汽车"。这句话的背后，是他内心深处的深刻反思。销量和利润，应当是结果，而不是目的。

雷曼事件让所有人警醒，而丰田章男本就对丰田汽车公司以往的扩张模式颇有微词。

"我们是'车企'，要制造'更好的车'，让顾客满意。即使我们已经从街区工厂成长为世界规模的汽车制造商，也不能忘记这一点。"丰田章男说。

丰田汽车公司1996年3月期财年的全球销量只有450万辆。之后，长期奉行激进的扩张策略，于2008年3月期财年把全球销量增加到943万辆。

当时，人们普遍认为年销量不达 1000 万辆的车企将很难生存。所以，全球的汽车制造商们为了追求规模优势，都在专注于扩大销量。

但是，丰田章男认为不该执迷于销售数字。他断言"销量增加并不等于企业成长"，同时呼吁"制造更好的汽车"。

而外界和公司内部当时并未对此做出反响和回应。因为他似乎只是讲了句理所当然的废话。

起初，员工明显对这个呼吁感到困惑。这难道不是应当的吗？一直以来都是抱着这样的想法在造车嘛，如今还在强调这个……这是员工最真实的想法。丰田章男到底想表达什么？让人摸不着头脑。

在丰田章男的呼吁发出后不久，有一家大型广告公司找到我，希望能听我解读丰田章男社长"要制造更好的汽车"这句话。当时一同来到事务所的有五六个人，其中还有丰田汽车公司的产品企划人员。

说实话，当丰田章男说"要制造更好的汽车"时，我也觉得这口号实在是平淡乏味。

然而，当我仔细品出其背后的深意，才意识到听起来简单直白的一句话，却很好地承载了丰田章男深刻的造车理念，且

布局
丰田在未来汽车业的野心

满含超常的热情。

这一呼吁在公司内部不断渗透，丰田汽车随之出现显著的变化。如今，丰田人对"制造更好的汽车"的疑问已一扫而光，形成了大家皆为此努力的气氛。

武断一点说，丰田汽车之所以畅销，正是因为丰田章男不遗余力地呼吁"制造更好的汽车"，并忠实而诚恳地付诸实践。而且是出自一颗"爱车之心"。把喜欢的事情做到极致，工作即是享受，这就是真正的丰田章男。

"制造更好的汽车"，可以说是丰田式的"不易流行"[①]。以不变的本质催生全新的变化。员工沿着这句话的方向群策群力。

掌握工程师的"通用语言"

想理解丰田章男说的"制造更好的汽车"，恐怕要听一个很长的故事。至于故事的起点，要一直追溯到他就任社长之前，与丰田汽车首席试车手成濑弘的那段交往。他从成濑弘那里学

[①] 不易流行，是日本俳谐大师松尾芭蕉在《奥州小路》创作之旅中产生的一种俳谐创作理念。不易即不变，流行即随时代状况变化，两者看似相对立，实则相辅相成。——译者注

到的驾驶技术和鉴车能力，成了"制造更好的汽车"的出发点。

当时丰田章男见到成濑弘后，告诉他"要制造更好的汽车"的想法。

成濑弘却说："如果被一个不懂驾驶的人，指指点点该如何造车，真是让人头疼。"

这句话给了丰田章男很大的冲击。成濑弘的潜台词是"一个不懂准确评价汽车的人，是造不出'好车'的。"

那是 2002 年，丰田章男 46 岁，刚就任丰田董事会常务董事。他当即决定拜成濑弘为师。这件事，是赛车手 Morizo 运动生涯的起点，也是丰田章男式汽车制造的开始。

与十几岁就开始参加比赛的本田宗一郎不同，丰田章男到中年才解锁了自己的赛车技能。最终，这名"迟到的车手"成了公司的首席试车手。当然，这是因为接受了成濑弘长达 8 年的严苛特训，直至 2010 年，成濑弘在测试一款新开发的汽车时因事故离世。

为了在短时间内迅速上手，丰田章男舍弃了最喜欢的高尔夫球。对他来说，从事赛车运动是一场修行，是为了能准确评价汽车、用身体去理解何为"好车"的修行。

丰田章男从正确的驾驶姿势、刹车等基础学起。训练从起步到 2 挡、3 挡变速，从全油门到全刹车急停。朝着目标红色三角锥提速，在即将撞上三角锥前急停，这样简单的操作历经无数次的重复训练。每个周末，他都来到训练场，自己默默地反复训练。

而他一旦上了测试赛道，必是几近耗尽最后一滴油才肯回加油站。每逢这时，团队成员会半开玩笑地说"只给他加一半油"。

丰田章男的驾驶技术进步神速，没多久便能够自如驾驶丰田汽车公司不计成本开发的超级跑车雷克萨斯"LFA"，他还取得了国际 C 级执照[①]。

此前，丰田章男与工程师们讨论深层技术时，总要带几分心怯。文科出身的他缺乏与工程师对话的通用语言，和研发部门的人沟通总是有些艰难。

而丰田章男的祖父丰田喜一郎和父亲丰田章一郎都是理工科学历背景。他一直有着技术情结，因为技术是他的弱项。但是他在玩命训练掌握驾驶技能的过程中，以"现地现物"的方式，学到了最先进的技术。

丰田章男刻苦修行，不仅掌握了工程师的通用语言，还掌

---

① 一种可按规定申请参加国际赛车比赛的职业证照。——编者注

握了机械方面的最新知识。终于，他可以做到用技术语言来描述"好车"了。

从成濑弘那里学到顶尖的驾驶技术后，就该接受实战的检验，于是他来到了德国的纽博格林赛道。

纽博格林赛道位于德国西部山区，由长约20千米的北环赛道和举行F1大奖赛的GP赛道组成。丰田章男拜师后的第5年，也就是2007年，成濑弘邀请他参加号称世界最残酷汽车竞速赛的纽博格林24小时耐力赛。

即使在普通比赛中，超车也是非常危险的动作。在这条残酷的赛道上，无论是超车还是避让被超，都需要强大的驾驶技术。纽博格林24小时耐力赛有200多支职业车队参赛，他们以超过200千米的时速持续驾驶24小时，以最终行驶里程决出胜负。比赛过程中，事故及车辆故障频发，能跑完全程就足以令人自豪。然而此事在丰田汽车公司内部却招来了一片反对声："太危险了""请注意自己的身份"。

经营干部们反对社长参赛倒是天经地义。第二次世界大战结束后，本田宗一郎彻底放弃了摩托车比赛，就是因为他的搭档、时任副社长藤泽武夫的谏言："社长，别再骑摩托车了。"当年他42岁，自此再也没有参加过任何赛车活动。

但是，已经 51 岁的丰田章男义无反顾地参加了纽博格林 24 小时耐力赛，并跑完了全程。

成濑弘死后，丰田章男于 2013 年成为丰田的首席试车手。如今他已 66 岁，为了保持对造车的感性认知，依然作为现役车手紧握着方向盘。或者说，他仍在修行。

丰田章男消除了对机械的不自信，可以自行判断技术内容，再也不必完全交由他人。理解技术的本质、潜在的威胁及机会的利用，对于"制造好车"来说，起决定性作用。

我曾经问"Morizo"会将赛车运动坚持到什么时候。

"以前，我和职业赛车手的差距是每圈 6 到 10 秒，而现在是 3 秒。这个差距尚可以保住位次让下一个车手接力。但如果有一天，差距重又回到 10 秒的话……想必我就会放弃了吧。"丰田章男说。

耐力赛的每辆赛车由多名车手轮流驾驶。所以，如果团队车手之间存在明显的技术差距，就无法把赛车性能调整到一个合适的程度。

丰田章男的话证明，他并非把赛车当作玩物喜好，而是在另一个境界。

他自称是汽车的"终极感测器"。作为丰田汽车所有车型的最高负责人，审核车辆设计，并就驾乘感受做出最终评价。他自我规定说："我不是比赛型车手，而是一个以评价汽车为目标的赛车手。"要想制造出"好车"，最重要的是具备评判"好车"的"终极感测器"的能力。丰田章男一直在磨炼自己的能力。

"以评价汽车为目标的赛车手"的意思，应是想通过极限运动领域的技术应用，为乘用车技术提供启示和借鉴。而单纯的"比赛型车手"，无论是在公路上还是在越野时，都只会关注车辆挑战极限的能力，以此察觉其不足。丰田章男的初衷，是有机结合两种类型驾车者的想法，"制造出更好的车"。简言之，即打破职业赛车和乘用车之间的研发壁垒，寻求技术应用的互通。

— 蜚声日本的名字 —

另一方面，"Morizo"受到了年轻赛车爱好者们的压倒性支持。

"说起丰田先生，还有一点很厉害。他取得了职业赛车手执照，不是以'丰田章男社长'的名义，而是'Morizo'握着方向盘驶上赛道，还参加了真正的比赛。"索尼的平井一夫在之前的著作中这样说道。

"Morizo"参加赛车运动,除了做到"制造更好的汽车",还有一个副产品,即改变了丰田汽车的形象。

"Morizo"出现在拉力赛现场时非常随和,从不板着脸。他随时绽放出笑容,痛快地与粉丝合影,给粉丝签名,还派发"Morizo"贴纸。这时的丰田章男,已经远远脱离了大企业社长的形象。

有人批评他"做得太过了"。但他自己说:"现在,我觉得'Morizo'这个名字,特别能展示丰田章男这个汽车公司社长的个性。"

> 赛车体现了摩托车和汽车改良的结果,所以有相关知识经验的人应该很感兴趣……目前对赛车感兴趣的人或许还很少,但我想今后随着摩托车和汽车的日渐普及,赛车在日本也会成为一项广受关注的主流运动项目。
>
> (丰田喜一郎的文章《赛车与国产汽车工业》)

这篇发现赛车比赛的意义,并对赛车运动给予高度关注的文章,肯定潜移默化了丰田章男对赛车的热情。他之所以与祖父丰田喜一郎产生共鸣,原因我很清楚。

人们自然会认为车企社长喜欢汽车是理所当然的。但如丰田章男痴迷至此，放眼世界恐怕也鲜有人可比。他刷新了丰田汽车公司的形象。

"Morizo"的存在，大大提升了用户对丰田品牌的亲近度和好感度。毋庸置疑，是赛车运动修行成就了今天的丰田章男。

平井一夫这样写道：

"'Morizo'戴着头盔，身穿连体赛车服，手握方向盘的形象，无须语言，就能向员工传递一个强烈的信息——'这个人真的酷爱汽车。'"

此外，在丰田汽车公司大量投放的电视广告和由演员香川照之担任主编的《丰田时报》上，频繁出现丰田章男的影像和名字。加上他本人与颇受年轻一代追捧的艺人松子·Deluxe私交甚好，又进一步强化了开明亲和的形象。一时间，丰田章男蜚声全日本。

雷曼事件后，企业评价标准发生了变化。首先，唯销量和市场占有率主义不再盛行，转而追求企业发展的可持续性。证实这一变化的是企业更加重视来自消费者的信任。

随着作为公司"名片"的丰田章男的知名度不断上升，丰田汽车以往的形象被颠覆，用户对丰田汽车的信任度也水涨船高。

在日本，如此被公众关注的企业高层人物应该很少吧。有人认为"那能值几个钱"，这种意见不值一驳。在汽车成为大众商品的今天，企业高层的公众形象如何，直接关系到消费者对企业的信任。消费者的信任恰恰是丰田汽车畅销的原因之一。可以干脆地说，丰田章男是如今丰田汽车公司最大的无形资产。

押注——重启运动型汽车

丰田家族对运动型汽车的研发制造，从丰田喜一郎时代就开始了。但进程并不顺利，甚至一度中断。为什么呢？

"不仅是丰田汽车，以前很多人都认为'汽车只是个赚钱的工具'。"丰田章男回顾说。

从经营层面讲，运动型汽车用户群小，销量低，是个"包袱"。站在追求效率和业绩的立场看，这种实用论也不无道理。而且丰田汽车公司并不擅长各类运动型汽车特有的小批量生产方式。

"制造汽车时，如果面对'能卖多少辆''能赢利吗'之类的问题，那么运动型汽车研发项目很难在公司通过。"丰田章男说。

丰田汽车公司优先开发畅销车型,大量生产面包车、SUV(运动型多功能车)等实用车型。这本身无可厚非,但另一方面,车迷们则抱怨丰田车太无聊,缺乏让人眼前一亮的车。

20世纪80年代,丰田汽车公司对赛车运动的热衷显露无遗,广泛参加了日本国内的GT赛、日本方程式以及世界汽车拉力锦标赛、勒芒24小时耐力赛、卡特大赛①、印地赛车系列赛、世界一级方程式锦标赛等国际拉力赛、耐力赛、方程式等比赛,把赛车运动推向高潮。当时的企业口号是"驾驶乐趣",研发出多款足以让人享受乐趣的运动型汽车。

但是,自1999年12月"Celica GT-Four"车型停产后,丰田汽车序列中再不见运动版的身影。其间也有受经济大环境影响的原因。2009年11月,丰田章男决定退出从2002年开始、连续参加了8年之久的世界一级方程式锦标赛。其背景就是雷曼兄弟公司破产引发的全球金融风暴。

---

① 卡特大赛(CART,Championship Auto Racing Teams),是世界上最早的方程式赛车之一,最早举办于1978年11月25日。2004年2月17日被美国的开轮式赛车(OWRS,Open wheel Racing Series)收购,正式更名为全球方程式冠军赛车(CCWS,Champ Car World Series)。——译者注

但即便如此,丰田章男依然对放弃初衷抱有深深的危机感,他说:

"丰田汽车公司是汽车制造商,有责任制造让人享受驾驶乐趣的汽车。"

对他来说,重启运动型汽车是难了的夙愿。我觉得丰田喜一郎下面这句话正适合描述丰田章男当时的心境。

我刚开始造车时,最费心思、最担心的是如何测试自己造的汽车……在坡多、路况不好的地方行驶,或满载全速前进,或在泥泞路段行驶,尽可能多地进行破坏性试验、耐受性试验等,不断改良,才制造出现在的汽车……今后日本的汽车工业必须在这方面倾注全力。虽然现在已经能够多方位研发乘用车,但是应当如何进行试验,找出缺陷,再加以改进呢?我想只能通过赛车运动。

(丰田喜一郎的文章《赛车与国产汽车工业》)

随着丰田汽车公司从雷曼事件的冲击波中复苏,丰田章男下定决心,是时候对"运动型汽车无用论"进行拨乱反正了。这是他赛车运动的重启,也是修行的复活。

丰田章男推出了一系列措施，朝着这个方向全速前进。

2015年4月，将Gazoo车队（Gazoo Racing）、丰田车队（Toyota Racing）和雷克萨斯车队（Lexus Racing）合并组建为官方车队——丰田Gazoo车队（Toyota Gazoo Racing）。随后，又于2017年组建成立了Gazoo赛车（Gazoo Racing）公司。该赛车公司作为丰田汽车公司的子公司，被赋予组织独立性，并接受委托开发GR（Gazoo Racing）品牌的产品群。这家丰田汽车公司内部最小公司的第一任社长是丰田章男的盟友、现任执行研究员友山茂树。此人年轻时就是个跑车迷。现在他的爱车还是1997年款的萨普（Supra）。

Gazoo赛车公司于2019年1月在底特律车展上向全球首发了GR系列的新款萨普。该车与德国宝马公司共同研发，共享发动机、底盘等平台。整车由奥地利的汽车制造公司麦格纳斯太尔公司总装。就这样，于2002年消失的萨普时隔17年正式回归。

丰田章男接受成濑弘的严格驾驶训练时开的就是老款萨普，可以说是同甘共苦的"搭档"，对其有深厚的感情。为了打造名副其实的萨普车型，丰田章男多次前往测试场地，亲自试车。为了做最后的调校，还专门前往纽博格林赛道进行测试。丰田章男说:"现在,终于又见到了它。心情就像老友重逢。"

丰田章男的血液沸腾了。2019年,"Morizo"作为Gazoo车队的四名车手之一,驾驶新款Supra参加了纽博格林24小时耐力赛。决赛是在2019年6月23日,恰巧是成濑弘的忌日。他对着挂在维修站墙上的成濑弘遗像双手合十,踩着当年事故发生的时间点坐上萨普,冲向赛道。

"成濑先生,我终于带着萨普跑车回来了。"丰田章男在心中轻轻地说。

— 组建私人车队 —

我们先来了解一下丰田章男的私人车队。

丰田汽车公司的官方车队是丰田Gazoo车队,而丰田章男还拥有一支私人车队——新秀车队(Rookie Racing)。这支车队是他于2018年个人出资成立,并在2020年实现公司化运作。

丰田章男为何组建私人车队,并坚持参加赛事至今? 新秀车队存在的意义依然是为了"制造更好的汽车"。丰田章男曾经对成濑弘说:

"真希望赛车能成为一项可以在民间开展的运动,有更多的普通人感受运动汽车的魅力。为职业车队打造出色的赛车固然重要,但我更想制造适合私人业余车队并被他们所期盼的汽车。"

而新秀车队就是为了实现这一目标。丰田章男解释说:

"新秀车队是由专业车手和像我这样的普通车手组成的'制造更好的汽车'的团队。"

Gazoo 赛车公司除 GR86 外,还研发了 GR Supra、Copen GR Sport、C-HR GR Sport、普锐斯 PHV GR Sport、AquaG GR Sport、NOAH SiGR Sport、VOXY ZSGR Sport 等 GR 品牌汽车,成长为拥有多款跑车产品线的公司。

丰田 Gazoo 车队的车手和工程师,在每一辆车上都倾注了比赛中积累的技术,进行了最高级别的调校。该团队还将活动范围扩大到了世界汽车拉力锦标赛和世界汽车耐力锦标赛。

与此相对,丰田章男组建的私人车队新秀车队,主要任务则是收集比赛中的信息,为汽车制造提供第一手资料。而丰田汽车公司的官方车队有较厚的组织壁垒,现场信息很少能直接传递给社长丰田章男。信息传递总会在某处堵塞,费些周折。

所以说,新秀车队就是丰田章男的"现地现物"。这是了解机械师、工程师、试车手现场感受的宝贵渠道。作为车队老板的他，在比赛现场和队员一起出力流汗。正因为如此，才能获取在社长室接收不到的一手信息，在第一时间发现问题。

丰田章男不放过现场哪怕最微弱的信息，会当即询问"怎么回事"，可以说是"离现场最近的社长"的典范。

更重要的是，比赛现场的丰田章男不是社长，而是车手"Morizo"，他与其他车手以伙伴关系相处。

丰田章男说："职业车手有时会揣度制造商的心理，表达意见会有所顾虑。但这种顾虑是不对的，因为赛车是你的武器。"

— 通过比赛锤炼技术与人才 —

2017 年 7 月，丰田章男出现在世界汽车拉力锦标赛芬兰站的现场。丰田汽车正式重回赛车运动。

参赛的市售车卷起烟尘，飞驰而过。弯道处，刹车被急踩，车身侧滑漂移转弯，消失在树林里的山路上。这就是世界汽车拉力锦标赛。

这项比赛以临时封闭的一般道路为赛道，驾驶经过改装的以市售车为原型的赛车，用时短者获胜。整个赛程除了柏油铺装路，还有砂石、冰雪、泥泽等各种恶劣地形，车手解读路况、选择合适轮胎的经验将起到关键作用。可以说，比赛汇集了世界顶尖的车手和赛车，来挑战世界屈指可数的艰苦赛程。

要"制造更好的汽车"，研发人员就必须深入了解用户在日常驾驶中可能遭遇的种种路况。从这个意义上来讲，驾驶以市售车为原型的赛车，在全球各种道路上竞速的世界汽车拉力锦标赛，可算是绝佳的试炼场和展示台。

通过这样的比赛锤炼技术与人才，对提高造车水平来说再好不过。

每场比赛的装备、规格、设置等都有所不同。在平坦路段要调低赛车离地间隙，而在非铺装路段则又需要调高。此外，还要根据出现降雨等路面状况变化，及时调整悬挂系统和驱动系统的设置。赛程进入晚间，还要在引擎盖上安装辅助照明。

拉力赛规则规定，赛车的调整和维修只能在指定的维修区进行。并且比赛一旦开始，作业的时机和时间等都有严格的限制。

"以市售车为原型的赛车在日常道路上进行竞争，向外界展示自己。从这个意义上来说，拉力赛是磨炼人和车的绝佳舞台。"丰田章男重复道。

布局
丰田在未来汽车业的野心

丰田喜一郎曾明确指出,要想"制造更好的汽车",参加比赛不可或缺。

赛车运动和国产汽车的发展犹如两侧车轮,无法各行其是。这几年来,始终在同步前进。

(丰田喜一郎的文章《赛车与国产汽车工业》)

丰田章男做出重返世界汽车拉力锦标赛的决定,背后有一个邂逅的故事。他在赛事的芬兰站向当时的德国大众汽车车手、芬兰人嘉利-马蒂·拉特瓦拉(Jari-Matti Latvala)打招呼。虽然是初次见面,但两人很快便相谈甚欢。

拉特瓦拉愉快地聊起自己曾经的座驾丰田卡罗拉和赛利卡。他16岁时首次参加拉力赛驾驶的就是AE86,是一个"隐藏的丰田车迷"。

"有这样还记得丰田车的选手,丰田就一定要重返世界汽车拉力锦标赛……"丰田章男说完,又接着说,"如果没有遇到他,现在的丰田汽车就不会再次出现在比赛中了吧。"

与拉特瓦拉的相遇,对丰田章男影响极大。

在芬兰,还有很多拉力赛车迷跟丰田章男打招呼:"丰田什么时候再来拉力赛？"这让他不禁感到惊讶，离开赛事这么久，丰田依然被人记住。

丰田章男沉睡在内心深处的赛车情怀复苏了，不愿再辜负车迷的期待。由此也可以看出他对车迷的在意。

2015年1月，丰田宣布将在2017年赛季重返世界拉力锦标赛。时隔18年的回归，在赛车界引起了不小的轰动。

这之前，丰田参赛是在1973年到1999年间，共获得43次分站冠军和3次年度冠军。"这种感觉就像见到了分别了18年的恋人。"丰田章男表达了自己的喜悦。

在丰田章男和拉特瓦拉那次命中注定般邂逅的两年后，拉特瓦拉成了丰田WRC（世界拉力锦标赛车队Gazoo车队）的车手。

── 丰田章男的拉力赛老师 ──

丰田车队重返世界汽车拉力锦标赛还有一个关键人物——同样来自芬兰的传奇车手汤米·马基宁（Tommi Makinen）。他曾创下从1996年到1999年连续4年蝉联该项赛事冠军的纪录。

他曾在拉力赛场上驾驶过包括斯巴鲁赛车和三菱赛车在内

的众多赛车。也就是说，丰富的经验让他对何为"好车"了如指掌。

丰田章男和马基宁的第一次见面发生在2014年，恰巧是他与拉特瓦拉邂逅的同年。地点是在北海道网走①测试中心。这里有一处仿欧洲和美国路面特点的冰上训练场。两人在训练场上就赛车运动进行了交流，彼此观点互通，意气相投。当时，马基宁50岁，丰田章男58岁。

有了马基宁这位良师益友，汽车拉力赛对丰田章男的吸引力越来越大。高龄社长虚心学习赛车技术，仅凭此姿态就足以感人，何况他还展现出惊人的精力和热情。

丰田车队虽然重新瞄准了世界汽车拉力锦标赛，但毕竟已远离赛事前沿多年。再次参战时，原型车辆只有第三代雅力士汽车，当时在日本国内叫威姿汽车。因为没有改装成比赛用车的准备，被迫带着弱点应急参战。

仔细想来，这原本就是日本赛车运动的弱点，同时也是日本汽车制造的弱点。后面会详细论述。

---

① 网走市位于北海道东北部，地处鄂霍次克海沿岸，最著名的景观便是流冰。——译者注

一直以来，丰田章男都察觉到丰田汽车制造的弱点和局限。

"请为我打造一辆车。"他拜托马基宁。这就是丰田章男对"制造更好的汽车"的执着。他把这个任务义无反顾地交给了专业车手，因为对方懂得何为"更好的汽车"。

丰田章男想要的是雅力士跑车。与借助宝马汽车公司的力量复活的新款 Supra 不同，这次他希望制造出纯正血统的丰田跑车。这就是"雅力士 WRC"。

马基宁不仅有拉力赛的比赛经验，还擅长拉力赛的运营。更重要的是，他有制造出高性能战车的能力。2015 年 7 月，丰田汽车公司宣布丰田章男担任丰田 WRC 车队的总代表，马基宁任车队代表。就这样，丰田重回世界汽车拉力锦标赛的征程，在零起点的状态下开始了。

—— 雅力士 WRC 的诞生 ——

由于接下来要研发的是 2017 年赛季用车，只有两年的时间，所以非常紧张。团队的压力也可想而知。

研发基地是马基宁经营的位于芬兰普波拉的赛车工厂，距赫尔辛基大约 3 小时车程。这里是马基宁的故乡，自然景色和田园风光非常优美。

丰田章男既然把造车交给了马基宁,就毫不犹豫地在海外建立基地,而不是在本土。他以灵活的思路,认定这是最好的选择。

接下来就是长达半年不间断的高强度工作。为了在短时间内制造出高战力的参赛汽车,团队全体在普波拉集合,齐心协力完成了车辆研发和行驶测试。

运动总监贾莫·莱蒂恩(Jarmo Lehtinen)用"一个团队,一个家"(one team,one family)来形容当时的情形。

团队领会了丰田章男所说的"制造更好的汽车"。首要面临的问题,是降低影响车身高度的主要部件的结构和安装位置。他们研究并最终确定了发动机和曲轴的位置,再布置变速器、传动轴、加速器等。除了车身外壳的形状和构造外,内部已然脱胎换骨,为赛事量身定制。

在思维发达的专业人士聚集的团队中,出现意见分歧是常有的事,产生冲突也在所难免。在这个团队里,没有上下级的分界线,大家都可以毫不客气地畅所欲言。当然,最终由马基宁拍板决定。

作为汽车心脏的发动机由位于德国科隆的TMG(丰田汽车

在欧洲的研发基地）负责研发和制造。

根据世界汽车拉力锦标赛规则，每辆赛车需要准备3台引擎（2022年开始缩减为2台），由于对每台引擎的性能参数偏差有严格限制，所以对切削发动机零部件的机床精度要求极高。

团队在空气动力学方面也下了很大功夫。空气动力开发利用了TMG的风洞试验设备进行验证，最终实现了车速越快抓地力越强的空气动力性能。

行驶测试在芬兰及欧洲其他国家进行。丰田章男前往现场，和马基宁一起驾驶了雅士利WRC的样车。

"从车里感受到的声音和气味，从方向盘和踏板传来的感觉，最重要的是看到汽车制造者汤米的表情，我和他分享了用这辆车去征战赛事的信心。"丰田章男这样说道。

2016年9月，雅力士WRC在巴黎车展正式亮相，伴随轰鸣声登上了舞台。站在舞台上的丰田章男笑着迎接从驾驶座上下来的马基宁。

在2017年1月的蒙特卡洛拉力赛揭幕战上，拉特瓦拉以第二名的成绩完成比赛，首战便登上领奖台。同年2月的瑞典拉力赛，拉特瓦拉为丰田车队带来了1999年以来的首个世界汽车拉力锦标赛冠军。

重返世界汽车拉力锦标赛的第二年也就是 2018 年，还有后来的 2021 年，丰田汽车公司获得了制造商总冠军，2019 年、2020 年、2021 年连续获得年度车手总冠军。2021 年 6 月，在世界汽车拉力锦标赛第六站比赛中，参加 Gazoo 车队 WRC 挑战项目的胜田贵元以第二名的总成绩站上领奖台。

2020 年，拉特瓦拉取代马基宁成为丰田 WRC 车队的代表，马基宁担任丰田车队的赛车运动顾问。在其后的世界汽车拉力锦标赛 2022 年赛季的第二站瑞典拉力赛中，Gazoo 车队获得了冠军。

这些接连取得的胜利，正如丰田喜一郎文章中写到的那样，促进了"国产汽车工业的发展"。通过不断比赛迅速改善缺陷，丰田找到了"好车"的打开方式。

2022 年 2 月，丰田章男被选举为国际汽联最高权力机构之一"国际汽联世界汽车运动理事会"的成员。他的入选，不仅因为是丰田汽车公司的社长，还因为积极挑战赛车运动，并作为日本汽车工业协会会长引领了日本汽车产业的发展，受到广泛一致的好评。

第三章

革新：汽车的极致锤炼

第三章
革新：汽车的极致锤炼

丰田章男在身影频繁出现在赛车场的同时，还作为最高层，管理着拥有全球 37 万名员工的丰田汽车公司。不，应该反过来说，是位高权重的丰田汽车公司社长正恣意投身于赛车运动。他一边管理着庞大的组织，领导着公司发展，一边作为"Morizo"驾驶赛车，以 200 千米以上的时速在赛道上飞驰，是不折不扣的"二刀流"。

现役美国职业棒球大联盟选手大谷翔平，打、投、跑样样精通。作为投手能投出时速 100 英里（约 160 千米）的球，又作为击球手制造过 46 个本垒打。他这个"二刀流"，起初也曾遭到质疑和批评，如今却广受好评。

大谷翔平的"二刀流"甚至被认为"将改变棒球的未来"。而丰田章男也在汽车产业迎来大变革之际，施展"二刀流"，探索汽车的未来。他如此精力充沛，意志顽强。

汽车的未来将发生巨大的变化。在提高安全性、可靠性等品质的同时，如何创造汽车的长期价值？就需要往更深处寻找

"更好的车"。

"二刀流"的实践,隐含了丰田章男非同寻常的执念。

欧洲年度风云汽车大奖

如今丰田汽车的品牌代表是销量排名第一的雅力士。从卡罗拉到普锐斯,再到今天的紧凑型车雅力士,构成了丰田乘用车代表的谱系。

雅力士于2020年2月在日本国内上市,同年8月推出紧凑型SUV雅力士CROSS,次年9月推出寄托了丰田章男厚望——"找回丰田跑车"的GR雅力士,阵容不断充实。

如前所述,近几年丰田车队活跃在世界汽车拉力锦标赛赛场,因此在赛车运动流行的欧洲等地,对丰田汽车的评价也水涨船高。2020年,第四代雅力士被评选为欧洲年度风云汽车。

说丰田汽车没有特点、缺乏个性,那都是过去的事了。如今的年轻人会觉得丰田汽车很酷。

与传统逆行的"Morizo 改革"

曾几何时,丰田汽车确实显得平庸。直接点说,就是试图取悦所有人,却让更多人倍觉无趣。甚至连丰田汽车公司的员工也不想开自己造的车。但是,近年来变了。年轻一代的员工会说:"我们公司的车太多样化了,足以让人挑到眼花。"

丰田汽车之所以产生这种变化,是因为从根本上转变了造车方式。这就绕不开赛车运动,和丰田章男从零打造纯正丰田血统跑车的野心。无论是 2012 年发售的丰田 86,还是 2019 年发售的新款丰田 Supra,归根结底,都算不上是真正的丰田跑车。这两款车分别借助了斯巴鲁汽车公司和宝马汽车公司的力量。

丰田章男说:"我想要一辆出自丰田汽车公司之手的跑车,这个念头一直挥之不去。"

这是他跟成濑弘学习驾驶技术时就已萌发的野心。目标一旦出现,那么无论有多遥远,不抵达就决不罢休。以丰田章男之执着,甚至令人觉得他就是执念本身。

做出开发运动型四轮驱动 GR 雅力士的指示,是在 2016 年年底,丰田车队重返世界汽车拉力锦标赛前夕。与由市售车改装为赛车的雅力士 WRC 相反，GR 雅力士是以拉力赛赛车为原型的市售车。

研发负责人是斋藤尚彦。此人才能出众，之前负责雷克萨斯研发，后转到丰田汽车公司的 GR 项目推进室。

丰田汽车公司突破常规，采用了划时代的研发方式开发 GR 雅力士。整个过程没有禁区，随时打破常规惯例。

众所周知，丰田汽车以开不坏、实用和价格低廉在全球市场备受好评。在丰田生产方式下，不断打磨量产技术，立志以"丰田标准"，制造人人喜爱的安全、放心的大众化汽车。

关于赛车，丰田章男说："一直以来，我们都是从普通乘用车中挑选原型，改装成比赛用车。"雅力士 WRC 就是如此。

在这一点上，欧洲汽车制造商的造车方式和日本车企完全相反。他们甚至会以跑车的高 G（Gravity，重力加速度）值为标准，研发市售车型。直接点说，以欧洲某些乘用汽车的性能参数之高，可以下了生产线就上赛道。

总之，欧洲车从研发之初就将驾驶场景锚定在高速公路，或者说是道路规定了汽车。欧洲车之所以富于内涵和深度，恐怕与此不无关系。

丰田章男说："研发 GR 雅力士，始终是以赢得比赛为目标。

转而再将其设计水准应用到市售车上。也就是说，以逆于以往的方式制造汽车。"

丰田汽车公司的研发姿态发生了180度大转向：从市售车改装赛车，转变为将比赛车型市售化。这就是"Morizo改革"。

这可以说是丰田汽车公司有史以来最大的造车方式变革，是造车理念的重大转变，是丰田汽车制造的历史性转折。

职业车手参与研发

GR雅力士还做出一种重要尝试。即研发团队由工程师、职业赛车手和一线技师"三位一体"构成。这是"Morizo改革"的重要部分。

参与研发的职业车手是2019年超级GT系列赛GT500组别的冠军大岛和也以及2015年、2017年两次获得日本超级方程式冠军的石浦宏明。

丰田章男说："两名车手还参加了丰田汽车公司的产品定型会议并发表意见。车手参与产品定型并表达看法，这在丰田汽车公司80年的历史上还是头一遭。"

汽车制造商都有自己的试车员。与职业赛车手只对面市车辆进行评价不同，他们需在研发阶段就开始对汽车性能进行评价。但是，在 GR 雅力士项目上，职业车手直接下探到了研发环节。

通常，试车员指出的缺陷，会由引擎或底盘负责人带回自己的项目组处理。如果是市售车型，中间大约需要一个月的时间。

而在 GR 雅力士的研发过程中，这种做法被摒弃，所有问题都以"现地现物"方式解决。

赛车手指出的问题被现场解决，随即试车确认。取消分级决策，通过现场裁量做出决定。由于采用了这种扁平敏捷的研发方式，项目进度显著加快。

并且，此举还带来了新发现，使研发得以深化。

斋藤尚彦在 GR 雅力士线上发售活动上说：

"处理赛车手指出的问题时，试车手发现的缺陷同时得到了解决。两者之间经常有相关性。比方说，赛车手发现转向不足（转弯时行车路线向弯道外侧偏移），而试车手却说转向过度（行车线向弯道内侧偏移）。双方指出的问题看似相反，经数据分析发现，两种现象却指向同一症结，最终通过调整悬挂和驱动系统一并得到解决。"

第三章
革新：汽车的极致锤炼

"Morizo"平时就要求研发团队多向赛车界学习，其必要性在上述发现中得到了印证。

"很好！"在爱知县的下山测试路段，丰田章男试驾了雅力士汽车，下车后第一句话就这么说。

"发动汽车的那一刻，有一种骤然升了一两级的感觉，让人不禁想多开一会儿。"

丰田章男简单明了地表达了对目标达成的喜悦。那就是制造出了令人满意的"好车"。正如前文所述，丰田章男既是丰田汽车公司的社长，又是公司的首席试车手，同时还是赛车手，20年来驰骋赛道，呼吁"制造更好的汽车"。GR雅力士正是多年坚持耕耘的成果。

丰田章男说："一直以来，对汽车进行等级划分主要是看车型尺寸大小。为了消解这种分级规则所带来的成见，我们把这款车的品牌改为'雅力士'。雅力士还是威姿的时候，常被人们作为人生第二辆车。如今那一代人行将老去，雅力士会被年轻一代作为人生第一辆车。我感觉到了这种可能性。"

新款雅力士颠覆了丰田汽车固有的大众化形象，同时宣告丰田制造进入新的阶段。

布局
丰田在未来汽车业的野心

—— 铃木一郎说丰田汽车改变了击球动作 ——

推动丰田汽车公司变革的原因还有很多。

价格便宜、故障少、能开很久，这曾经是丰田车的最大卖点。但是，人们的价值观正随着时代改变。汽车不仅要具备物的价值，还需观照心的满足。做到物与心内外交融，才能被市场认可，让用户满意。

不知从何时起，曾经的丰田汽车逐渐失去魅力。动力温暾，缺乏刺激，设计土气……

如今丰田汽车公司决定彻底改变汽车设计理念，以提升商品力为目的，造出让顾客一眼相中、一生相伴的汽车。

"丰田新全球架构"应运而生。它从根本上改变了汽车生产的架构，夯实了基础，使丰田汽车随后在市场上得到了很高的评价。

在2015年东京汽车展社长演讲前，丰田汽车公司的工作人员小声告诉我："今天会有惊喜，社长将和一位有趣的人一起出现。"

这位有趣的人就是原美国职业棒球大联盟球员铃木一郎！

他和丰田章男一同登上舞台，说："当我听说普锐斯采用了丰田新全球架构时，就觉得丰田汽车改变了击球动作。这一大胆改变是由丰田队的头号击球手'普锐斯'率先使用的。虽说汽车和棒球是两个完全不同的世界，但我总觉得与它有相通之处。"

铃木一郎作为现役球员时，每年都在改变击球动作。即使成为球队第一击球手，即使安打数创下历史最高纪录，也不能阻挡他在下一年继续改变。"二刀流"大谷翔平也是如此，今年的击球动作决不与去年雷同。

击球动作没有终结式。为了前进，需要时刻挑战新动作。就像铃木一郎和大谷翔平改变击球动作一样，丰田汽车公司从根本上改变了汽车设计理念。常求进步，不停挑战，这就是丰田汽车。

铃木一郎曾经对丰田章男说："在我 28 年职业棒球生涯中，一直使用同一款球棒。"

这是为了不把状态不佳的原因归咎于球棒，关注自己身体的变化，找出自身原因所在。

一边诚挚自省，一边不断修炼，经年累月以为常，正是他们的真实写照。铃木一郎在日美两个赛场共计击出 4367 个安打，每一个都来自这样的积累。而丰田汽车的持续改进改善活动就是在完成积累。

— 车为谁造，为何造车 —

2011年3月9日，丰田汽车公司发布了丰田汽车全球发展愿景，同时开启"制造更好的汽车"的改革。当时正值日本"3·11"大地震前夕。

翌年4月，丰田汽车公司发布全力打造的丰田新全球架构这一变革性生产体系。与棒球动作"准备、后退、挥杆、击打"一样，"启动、行驶、转弯、停止"是汽车的基本性能，而丰田新全球架构就是让这些性能产生飞跃的平台。这个平台有助于提高研发效率和零部件的通用性，实现模块化生产。

在欧洲，模块化造车体系始于20世纪90年代，目的在于减轻总装线的负担。比如驾驶舱等被预装为模块再进入总装线，就能有效减少总装线上组装零部件的工作量。

模块化的代表性平台，有大众汽车公司的"横置发动机模块化平台"（modular querbaukasten）以及雷诺–日产–三菱联盟的"通用化模块组"（common module family）等。

横置发动机模块化平台在2012年发布时分为模块化汽油发

动机系统和模块化柴油发动机系统。通用化模块组则通过 4 种模块的组合来开展生产。

丰田汽车开发模块化平台的契机是雷曼危机后研发环境的剧变。

2004 年，丰田汽车全球生产量达到 672 万辆，2005 年 736 万辆，2006 年 809 万辆，2007 年 853 万辆，产量持续增多。在此期间，车型与生产平台也随之增加。

雷曼危机前，由于北美市场需求旺盛，丰田汽车公司建设了大量的生产平台和生产单元。即使研发成本和固定费用不断升高，也能顺利消化。另外，日元贬值也起到了促进作用。

以卡罗拉为例，其曾在全球 140 多个国家和地区销售。以"适地适车"的理念，在全球建有 15 个生产基地。为了制造适应当地需求的汽车，配件的品种数量与日俱增。当然这种情况并不限于卡罗拉。

丰田汽车的家族平台数量约为 20 个，算上各自的衍生车型，多达上百种。如果再加上高中低底盘等车身类型，还有不同的轴距，不同的悬挂方式，两驱和四驱，是否混合动力等，算上细分产品平台，数量更为庞大。

发动机的情况亦是如此。丰田汽车公司旗下有 KR 发动机、

NZ 发动机、NR 发动机等十余种系列。并且，由于排气量、驱动、各国和地区标准等不同，产品型号超 800 种。散热器、空气滤清器等非关键零部件，也会随发动机、变速箱的差异而产生衍生型号。以威姿系列为例，产品型号达到了四位数。

也就是说，丰田汽车公司之前的产品开发，基本是以"个别优化"为要旨进行的。结果就是生产平台和单元、零部件数量不断膨胀。这是研发环境的泡沫化，也可称作经济高速增长时代的造车方式。

直到 2008 年雷曼危机出现，这一切被颠覆，旧的方式弊端显现。丰田汽车公司财务出现巨额赤字，无力继续承担传统研发的费用，必须从根本上重新审视研发方式。

尤其令人头疼的是面向新兴国家市场的汽车。像过去那样，将面向发达国家市场的车型稍做修改出口到新兴国家，或在当地生产的方式已不再适用。简单来说，要应对各国和地区不同的燃效限制等，研发费用就会相应增加。

丰田章男在 2012 年"制造更好的汽车"发布会上，对改变"击球姿势"的背景做了如下说明：

"我认为此前丰田汽车有一种根深蒂固的观念，认为造出来就能卖出去。把有限的资源主要分配给眼下畅销的车型，而不是未来顾客需要的汽车。""销量和利润等原本应该是结果的东西，不知不觉间变成了目的。我们忘记了自己的使命——为了谁，为了什么制造汽车？"

汽车构成的"底子部分"和"面子部分"

雷曼危机后，丰田汽车公司的研发部门围绕如何"制造更好的汽车"展开了讨论，在管理干部的集体学习中也进行了深入讨论。

如果款型数量太多，何不干脆划分组别？于是，以兴趣和感性为特征的运动型车为"A 区"，面向一般个人的量贩车为"B 区"，公共事业用车和商用车为"C 区"，实践新概念和新技术的车为"D区"，这样划分了四个领域，分别规定了组别任务，决定了车型规格。

时任副会长，现任会长的内山田竹志，在 2012 年"制造更好的汽车"发布会上说：

"领域不同，所需要的设计、行驶性能、驾乘感受、装备也不一样。明确每个领域顾客的需求和期待至关重要。"

另外，用车环境和用车方式不同，好车的要素和条件也不一样。因此，又将汽车构成分为"底子部分"和"面子部分"。

"底子部分"是底盘、发动机和座椅等必要构成，需纳入全球架构平台。这一部分追求性能跃升，在达到世界一流水平的基础上推进通用化，寻求基于架构（设计理念）的"整体优化"。

对应不同市场的是"面子部分"。这一部分根据各个国家或地区的市场进行分区优化，按用户喜好进行"调味"。也就是说，并不完全否定"个别适应"。说到底，这是低增长和多元化时代汽车制造的基本方针。

那么，在汽车类别分组和模块化生产的基本方针下，如何具体推进"制造更好的汽车"呢？

1. 提升基础性能和商品力（质地更好的车）

将行驶、转弯、停止等基本性能提升到世界一流水平。不仅是运动性能，还包括大幅优化座舱的人体工学设计和车身骨架的个性化设计，并使其在全球各生产基地实现通用。

2. 分组开发的构想（聪明的通用性）

同时导入多种车型的规划和研发，推进车型间基本零部件和单元的通用性，同时确保品质。

3.包括供应商在内的生产现场协调、合作开展生产（有机制造）

与零部件供应商保持协同与合作，使研发过程有机和高效。

通过催动以上三个环节的循环，利用通用化节省的资源，再进一步提高商品力，实现"制造更好的汽车"的目标。

— 严密制定架构 —

在丰田新全球架构的开发过程中，确定了中长期的产品阵容，将基础部件及装配、驾驶位等作为架构确定下来。下面，我们来看一下具体事例。

例如发动机舱，根据扭矩范围整合了发动机及驱动部件的型号。此外，将发动机组件低位装配以实现低重心，统一布置发动机重心。再改变此前发动机排气方向和角度不一的状态，统一布置为后排气并规定角度。同型号引擎，即使底盘不同，引擎布置也需相同。

丰田汽车研发着眼于上下车和驾驶的便利，设计了最佳驾驶姿态的驾驶舱结构。另外，依然出于操作便利的考量，将踏板和方向盘中心的布置固定。以最佳驾驶姿态规定踏板的踩入角度、与地面夹角及踏板总成轴承倾角的适当范围。

除此之外，还保证了座椅在任何胯点都能保持最佳驾驶姿态。一般来说，胯点高上车方便，而胯点低则驾姿轻松。据说在欧洲，绝大多数人都会选择驾姿轻松的低胯点座驾。因此，丰田新全球架构为每一种车型都规定了胯点，每个平台也都限定了胯点规格。

一直以来，丰田汽车的弱点就是重心高。将美国市场作为主要目标市场的结果就是，不仅是SUV，连轿车车身也都又高又大。

重心高的车，为减小横向摇摆和纵向俯仰，并迎合路面缝隙和凹凸，就必须采取增强稳定杆（连接两侧悬架的棒状零件）等措施。重心低的车，由横向摇摆和纵向俯仰带来的重心移动较小，四个车轮抓地力较少变动，车身姿态的稳定也较好，操控性更强。重要之处在于，如果降低重心，将带来整车设计的重大改变。

丰田汽车公司时任副社长的加藤光久在"制造更好的汽车"发布会上，就汽车重心的话题说了以下一番话。

"很遗憾，我们目前的水平低于竞争车型。但我们下一代的车型将在低重心上实现同级领先，以一流的运动性能为研发方向。为了实现这一目标,我们将着力开发低重心单元,在设计上实现低位布置。"

加藤光久所说的"竞争车型"一定是指德国大众汽车。丰田汽车公司的内部资料指出,丰田汽车的重心高度比同级别的大众汽车高出有数十毫米。

因此,丰田新全球架构规定了入座的最大和最小离地高度。以此为契机,丰田汽车的行驶性能和外观设计发生了翻天覆地的变化。

—— 改变总工程师这一角色 ——

丰田新全球架构还改变了总工程师这一角色,使其工作方式发生了变化。

在此之前,丰田的车型开发一直由总工程师主导。毫不夸张地说,每一辆汽车的个性都是由总工程师创造出来的。总工程师的权力很大,立足于"我的平台""我的发动机"等进行设计和研发。"个别适应"大行其道。

如今通过丰田新全球架构,车辆"底子部分"的平台大致确定,总工程师不必再像过去那样,孜孜于增加研发工时和降低成本，可以集中精力进行外观等"面子部分"的设计研发，制造出极具个性的汽车。

丰田章男在"制造更好的汽车"发布会上这样说道："就任社长后，我曾向内山田副会长提出，希望他能恢复丰田总工程师的本来形象。总工程师应该是最了解用户的人，时刻关注用户需求的变化。我希望他能培养出这样的总工程师。"

丰田新全球架构，就是内山田副会长给出的回答。由此，原本习惯从横断面审视产品开发的总工程师，转变为离用户最近的研发总负责人。

但是，要说总工程师本人是否积极看待丰田新全球架构带来的角色变化，答案却是否定的。面对现有秩序的改变，人们都难免产生犹豫和抵触。让总工程师们思想转变，并不比改变汽车制造方式更简单。

笔者曾在一场丰田汽车的新车发布会上，向一位总工程师询问导入丰田新全球架构后的感想。那位总工程师是这样说的：

"怎么说呢？有很多工作很难做了。"

那时丰田新全球架构才刚导入不久，我本也没打算能听到关于它的好评。但是，从这位总工程师"工作变难"的抱怨中，我还是惊讶于这一场变革是多么艰难。丰田汽车的制造以新全球架构为契机发生了巨大改变是不争的事实，而这离不开总工程师角色的转变。

为了将"制造更好的汽车"做到极致，丰田汽车公司进行了组织和体制的改革，包括改进各组织中每位员工的意识及工作方法。

丰田章男说："丰田新全球架构是对丰田汽车整体的工作推进方式进行根本性重新评估的活动。我们希望构建一种全新的工作推进方式，让千万辆级别的销量持续下去。"

"行遍五大洲项目"的目的

既然丰田汽车公司通过新全球架构改变了设计理念，那么不仅是总工程师，其他员工的意识转变也必须跟进。从研发到生产、采购、销售，丰田汽车必须实现全员一体，在共同的思想基础上，保持步调一致。否则丰田新全球架构只会空心化。

丰田章男早已做好了应对措施。2014年9月开始的"行遍五大洲项目"便是其中之一。

2014年，"行遍五大洲项目"特别小组开始行动，在澳大利亚大陆耗时72天，行驶约20000千米；2015年，在北美洲大陆，109 天行驶 28000 千米；2016 年，在南美洲大陆，84 天行驶 20000 千米；2017 年，在欧洲大陆，85 天行驶 20800 千米；2018 年，在非洲大陆，49 天行驶 10600 千米。

这个项目带有明确的目的，不是一次普通的宣传活动。那么如此劳师动众，为了什么？是为了必须贯彻始终的"制造更好的汽车"的理念。这一庞大项目的参与者，不仅有车手和工程师，还包括研发、生产、采购、营销、销售等各个岗位的员工。

"路锻炼人，人制造车"是丰田章男常挂嘴边的一句话，这个项目就是对此的实践，目的是"制造更好的汽车"。

丰田汽车公司每年都会有 100 多名各岗位员工行驶在世界各地的路上，通过"与道路的对话"，感受当地现场，让自己成为汽车制造的探测器。参加这项活动的车型有陆地巡洋舰普拉多、穿越者、海拉克斯赛弗、陆地巡洋舰 200 等。

每次跨越各大洲实地驾驶，参与员工都会对用户需求产生新的理解。例如，同一辆车，在城市里的优点到了沙漠就会变成缺点。一路上，随着环境和路况的变化，难以预料的麻烦不断。参与者心潮澎湃，以在各地行驶获取的独有体验，思考着汽车究竟是什么。该项目的实施，最终改进了丰田的汽车制造，推进了人才培养。

丰田章男亲自参加了"行遍五大洲项目"的南美洲段。

他之前一直用后驱车训练驾驶技能。但这次在南美洲所驾都是四驱的陆地巡洋舰和海拉克斯等。尤其在弯道上，后驱车和四驱车的正确操作有很大不同。踩惯了刹车的地方这时可能需要踩油门……对丰田章男来说，这也算得上是需要战胜的恐惧，一场出现在60岁的挑战。

丰田章男在油管上说，丰田的跑车是后驱的，所以我的身体也是后驱的。这时，我就必须先把自己的身体转换成四驱的。

在南美洲段这种坡道较多的技术型赛段上，为了掌握四驱车的驾驶技巧，丰田章男不断反复练习。练习用车是斯巴鲁WRX，指导他的是拉力赛车手乔尼。

在油管平台播放的视频里丰田章男指着赛道说："那里，右边不是悬崖嘛，所以，有点恐怖。后驱的话，那里要松油门，开四驱却必须踩油门，驾驶动作完全不同。但是昨天，我在那里松了油门。因为害怕，不敢踩油门。今天、明天能不能在那里踩油门，这不就是挑战吗？"

一开始，他很难摆脱驾驶后驱车的操作习惯，于是反复训练，直至完全掌握四驱车的驾驶技巧。

"驾驶让人心情愉悦。今天上午不同于昨天,下午又不同于上午,我能真切地感受到自己与汽车对话的水平发生了变化。这种感觉很好。"丰田章男在跑完南美洲段全程后这样说道。

丰田汽车公司 2020 年开发 GR 雅力士四驱系统时,丰田章男驾驶四驱车的技术已经有了很大提高,取得的成绩足以让专业车手都刮目相看。他甚至开始说自己"适合驾驶四驱汽车"。由此可见,他所呼吁的"制造更好的汽车",是来自深刻的实地体验。

必须一鸣惊人

丰田新全球架构的第一款产品是 2015 年 12 月上市的第四代普锐斯。作为中型级别"GA-C 平台"的首款车型,必须以高标准开发。

2013 年秋天,丰田章男对当时的总工程师丰岛浩二说:"这次的普锐斯受到众多人士关注。不仅因为它是普锐斯,还因为它是丰田新全球架构的先驱车型,是'制造更好的汽车'的第一辆车。你得稍微踮一下脚,一鸣惊人,让大家赞叹这是一款好车。"

后来，丰岛浩二回忆说："当时我紧张到了极点。"

新型普锐斯，在丰田新全球架构的框架下，从零开始重新审视汽车制造的基本架构，飞跃性提升了车辆外观设计、行驶性能和驾乘舒适性。尤其着重实现了新平台造车的低重心化。

GA-C平台将汽车重心高度降低20毫米，胯点降低60毫米。通过降低重心高度及增强车身刚性，还原驾驶乐趣并实现舒适的驾驶姿态。当然，低重心增加了设计的自由度，可以实现个性化外观。

丰田新全球架构的第二款产品是于2016年12月上市的紧凑型SUV"C-HR"。与新型普锐斯相同，C-HR也使用了中型级别的GA-C平台。

低矮、个性鲜明的外观，远远就能看出是它。张扬的风格颠覆了丰田车的既有形象。丰田新全球架构带来的低重心使紧凑型SUV的外观焕然一新。此外，行驶性能也追求极致，通过在全球各地的道路上反复测试，调校出独有的味道。

此后，丰田新全球架构的车型不断扩展。如，2017年的普锐斯PHV，全球化车型中型家用车凯美瑞，雷克萨斯LC、LS以及2018年的大型皇冠、卡罗拉运动版车型等。

"皇冠"于1955年推出第一代车型，到现在已有60多年的历史，也在丰田新全球架构的基础上进行了大幅改良。它采用了新开发的 GA-L 平台，动力传动系统有涡轮增压、油电和插电式混合动力共三种。

"真想再轰一脚油门，都忘了这是皇冠了。现在就想在纽博格林赛道上跑一跑。这真是一款令人愉悦的车。"丰田章男手握新款皇冠的方向盘说。

实际上，新款皇冠已经在纽博格林赛道进行过行驶测试，极致打磨了行驶性能。

"此前有人评价'丰田的车很无趣''没有特点'，但我觉得，现在就丰田汽车的行驶性能和外观设计，用户已经开始给予好评了。"丰田章男言语间充满自信。

丰田新全球架构公布已逾 10 年，截至 2021 年 8 月，采用该架构的车型达到了 32 款。全球销售的丰田汽车约七成已替换为新款。

今后丰田新全球架构的波及效应还会进一步增大。正因为其成功抑制了生产"好车"的成本，丰田汽车公司才能冒险挑战从车企向移动服务公司的转型。

第四章

软件:打造未来城市"编织之城"

第四章
软件：打造未来城市"编织之城"

"在日本东富士约71万平方米的土地上，将建造一座实验未来的城市。人们可以真实地在此居住、工作和娱乐，一边生活一边参与这场实证性实验。"

2020年1月，丰田章男在美国拉斯维加斯举办的国际消费类电子产品展览会上发表了建设未来城市"编织之城"的构想。

这一发表震动了世界，在日本国内更是引起轩然大波。

"丰田不是汽车制造公司吗？怎么会建造未来城市呢？"

"我想在'编织之城'生活。怎样才能成为那里的居民呢？有谁知道请告诉我。"

后来，因为工作关系，我经常收到类似的提问。"编织之城"的面貌尚且模糊，反倒吊足了人们的胃口。但还是那个问题，汽车制造商建造未来城市，究竟为什么呢？

在现代城市的规划设计中，汽车是一个重要的考量因素。从住所出发去往目的地，汽车是移动的主体。如何才能避开城市拥堵的交通顺利到达？会不会遇到交通事故？转动的城市日新月异，而移动的汽车就是那根输出轴。

然而，汽车的本质也在悄然改变。随着物联网（internet of things, IOT）的兴起，汽车的属性开始变得丰富，不再是简单的物理移动工具。

也就是说，汽车不再仅仅作为个人资产和移动手段，还是社会体系的构成要素之一。比如，当灾害发生时，电动汽车可以作为应急电源，车载传感系统还能为制作避难地图提供宝贵信息。总之，汽车的作用正在产生裂变。

从这一意义上讲，汽车不再是本来的汽车。丰田章男常说的汽车产业"百年一遇的大变革"开始露出冰山一角。

最具象征性的是汽车的"新四化"（CASE）：互联化（connected）、自动化（autonomous）、共享化（shared & service）和电动化（electric）。由此产生了"出行即服务"这一新概念。它意图将信息通信领域的云技术导入交通，涵盖私家车之外的所有交通手段。

此外，人们的生活和工作方式因新冠疫情而变样。曾经电车上挤满通勤族的风景骤然消失，居家办公和远程办公成为新常态。人们的移动方式随之改变。

其关键词是从工业化社会向去工业化社会过渡，也可以说是从单一化社会向多样化社会的转变。

人们不再像过去那样围绕汽车开展城市规划,开始以舒适生活为目标进行城市设计。

如此一来,擅长将有限车型大批量生产的丰田汽车公司,自然要为此做出应对。其宣布从汽车制造商向移动服务公司转型,正是因为预见到了这一变化。

丰田集团的子公司编织星球控股公司(Woven Planet Holdings)的首席执行官詹姆斯·库夫纳(James Kuffner)说:"未来难以预测,但我们可以创造未来。'编织之城'对丰田汽车公司来说就是创造未来的机会。"

这里包含了丰田汽车公司通过数字技术、人工智能等尖端技术带来的移动出行创新推进"城市再生"的构想。

── 丰田的"一代一业" ──

丰田家族有"一代一业"的说法:丰田集团创始人、发明大王丰田佐吉创建了"丰田自动织机";丰田章男的祖父丰田喜一郎开创了丰田集团的大本营——丰田汽车产业;丰田章男的父亲丰田章一郎则深入地产界创立了丰田住宅(Toyota Home)。

丰田章男一出生，就注定了"一代一业"的宿命。

"我是在这样的环境下长大的。所以，尽管没有人特意告诉我，也自然觉得生在丰田家，作为丰田家的继承人，我就必须在某个领域起到通向未来的桥梁作用……"

简单开场后，他讲起了自己的"一代一业"。

"对我来说，这在某一时期是一种巨大的压力。前辈们在现实世界制造了织布机、汽车，开发了住宅，我如何用数字化接通'编织之城'呢？创造这样的机会，可能就是我的'一业'吧。因为当今的价值中枢逐渐从硬件转向软件，所以我们必须自己打造软件。"

就任丰田汽车公司社长后，丰田章男经历了雷曼危机后的巨额亏损，因大规模召回事件出席了美国国会听证会，再遭遇并克服了日本"3·11"大地震，最后完成了丰田汽车公司的结构性改革。现在进入到第二阶段的他，为什么要建造"编织之城"？这将是一座什么样的城市？

— 沉重的责任和约定 —

发布构想时，丰田章男背后的大屏上，是被富士山环抱的

"编织之城"设想图。他展开双臂强调说:"我认为,作为致力于'人人自由移动出行'(mobility for all)的公司,作为全球性企业公民,特别是像丰田汽车这样的公司,必须为建设更加美好的世界作出贡献。这一责任和承诺绝不轻松。在实现这一承诺的过程中,'编织之城'是虽小但绝对重要的一步。"

这里有个例子供大家参考。松下公司也在神奈川县藤泽市的电视机厂原址上建造了藤泽可持续智慧小镇,而丰田汽车公司的这一构想,无论在规模上还是未来潜力上都遥遥领先。

"编织之城"将在丰田汽车公司位于日本东部的东富士工厂的旧址上建设。该工厂位于静冈县裾野市,已于2020年年底关闭。

东富士工厂自1968年成立以来的53年间,曾参与生产顶级豪华轿车世纪、日本出租车、萨普、卡罗拉外野手等众多丰田的代表性车型,实际生产数量高达752万辆。该工厂的关闭给员工的生活带来了巨大的冲击。

2018年7月,丰田章男实地走访东富士工厂,同员工进行了直接对话。在对话中,一名员工问道:"今后,丰田汽车公司打算如何处理东富士工厂?"丰田章男几乎出于"一瞬间的直觉",立刻回答:"我打算将东富士工厂改造成为能够为未来50

年的汽车制造作出贡献的'圣地',一座验证自动驾驶等技术的、进行实证性实验的大型'互联城市'(connected city)。"

为什么丰田章男会瞬间做出这样的决断呢?因为面对各种难题的困扰是社长的日常,思考亦不停歇。

前面提到,2018年1月,丰田章男在国际消费类电子产品展览会上宣布丰田汽车公司要从汽车制造商向移动服务公司转型。

其背景是,汽车的"单品销售商业模式"有其局限性。汽车制造商如果继续固守传统商业模式,未来将无法生存。丰田章男一直在苦思冥想未来之路。

进入21世纪以后,全球不约而同地展开了"智慧城市构想"。由于城市存在的人口过密、电力不足、水资源不足、大气污染、交通堵塞等问题堆积如山,出于地球环境等问题的考量,新型低碳城市成为人类的目标。"智能电网"(电网2.0)、"智慧城市"(环保型城市)、"智慧社区"(环保型社区)等建设未来城市和街区的构想百花齐放。

丰田章男当然不会漏过这些最新动向。想必对国外汽车制造商与地方政府联手推进城市建设规划也有所耳闻吧。因此,产生"一瞬间的直觉"并非心血来潮。

丰田章男建设智慧城市的决定足以震惊世界。因为丰田汽车公司宣布要由自己主导这一构想的实现，在自有土地上，自筹资金建设一座智慧城市。

实际上，丰田汽车公司已经委托丹麦著名建筑师比亚克·英格尔斯（Bjarke Ingels）负责"编织之城"的城市设计。

英格尔斯标榜"快乐主义的可持续性"，追求在提升快乐即生活质量的同时，探寻可持续性的建筑和城市设计。这种哲学与丰田章男的"编织之城"构想不谋而合。

"编织之城"这一宏图，是基于长远战略而非短期利益而勾画，是一个为地球环境和社会问题提供的解决方案，是让有价值的商品和服务去提升人们幸福感的实证性实验基地。丰田章男认为，如果能向全球提供"编织之城"的价值，就能"量产"幸福。

— 特征是民间主导 —

世界各地都在进行未来城市建设规划和实证性实验。其中就包括以自动驾驶技术为主导的未来街区建设。2018年，美国福特汽车公司宣布，计划收购曾是底特律市中心的密歇根中央车站旧址及其周边的大片土地，邀请包括本公司员工在内的数千人入住，并将该地打造成自动驾驶、电动汽车等尖端技术研究基地。2022年2月，谷歌公司宣布作为项目合作伙伴参与该计划，为项目提供云技术支持。该地区的第一座大楼预计将于同年夏天启用。

另外，德国汽车零部件企业博世公司利用自己生产的家电、建筑管理系统等产品群，在全球范围内广泛开展了智慧城市开发项目。

但是，并非所有的智慧城市构想都顺利进行，其中的问题也陆续显现出来。其中一例，是美国谷歌公司的姊妹公司赛德沃克实验室（Sidewalk Labs）2017年在加拿大多伦多开展的智慧城市项目，于2020年宣告失败。

其失败原因，是赛德沃克实验室大规模收集当地居民数据的计划，遭到了当地居民的激烈反对。作为项目主体成员的加拿大多伦多市政府也反对在未经本人同意的情况下，通过安装在街道上的传感装置和智能手机的位置信息等方式收集个人信息。

赛德沃克实验室的目的是从智慧城市收集数据，在此基础上进一步开发人工智能和新服务，最终实现赢利。只是如果项目本身违背了居民的期望,那么技术再先进的智慧城市都将毫无意义。人们追求的并不是先进技术本身,而是技术带来的地区问题解决和便利生活实现。

在这一点上,如前所述,"编织之城"的项目特征是将完全由民间主导推进。

项目建设用地为丰田汽车公司自有,免去了在自治体地方政府办理各类手续的麻烦。同时项目资金完全由丰田汽车公司自筹,所以能通过快速决策推进实证性实验。

而且,丰田汽车公司有长期积累的制造业技术,在城市建设方面,与GAFAM(谷歌、苹果、脸书①、亚马逊、微软)等新兴科技巨头相比,优势明显。

自治体地方政府往往在解决一些居民生活问题时力不能及。而拥有适用技术的丰田汽车公司等民间企业恰好可以补足,使问题得到解决。

不过,丰田汽车公司的长板是实体生产,软件却是短板。

---

① 现已改名为元宇宙。——编者注

城市平台

丰田章男是怎样描绘"编织之城"构想的呢？他的视界超越移动出行，聚焦于未来的城市生活平台，即社会基础设施。在此开发包括交通通信基础设施和能源领域在内的新技术和新服务。

但是，平台很难在短期实现赢利，需要长期持续的资金投入。丰田汽车公司在谋划事业发展时已经考虑到这一点，于是计划将开发的移动出行技术和服务出口至海外，以缓解这一压力。

"编织之城"有"移动出行快速道""有人行道的移动出行慢速道"和"公园内步行专用道"三种道路，它们交织在一起构成一个区划。丰田章男将此区划称作"原单位"。

之所以如此设计，是因为"移动出行快速道"和"有人行道的移动出行慢速道"所需的自动驾驶技术水平不同。需要什么样的安全技术？如何规定车速等条件？要根据各自的特征和状况进行实效开发。

另外，在地下修建的物流专用道，将完全运用自动驾驶移动技术。地下通道没有行人，对自动驾驶安全程度的考虑自然和地上不同。据说是要在实际运行中检验技术的安全性和效率。

在"编织之城"里,将出现各种各样的移动工具交错运行。除 e-Palette 等小型纯电自动驾驶汽车外,无人机和空中飞车也将进入人们的视野。从最后一公里的移动到长距离运输,从能感受驾驶乐趣的汽车,到完全自动行驶的服务车辆,所有移动方式均被考虑在内。

而人在智慧城市内的实际生活内容也是重点之一。先期入住约 360 人,其中包括需要特别帮助的有老人和儿童的家庭,当然还有发明家和科学家。最终将有含丰田汽车公司的员工在内的约 2000 人在此生活。

既然称为"互联城市",通信自然是其中的重要一环。在"编织之城"里,住宅、汽车、家电、机器人等都将实现一网联通。在真实场景中试验无人驾驶、出行即服务、个人移动、机器人、人工智能等技术,并进行大数据收集。

重点是尝试将所收集到的居民生活日志(计算机、数据通信使用状况和信息记录等)实现安全共享,由经过算法管理的人工智能进行处理分析,应用于居民健康数据管理、家用机器人辅助生活等,是真正的未来城市的构建方式。丰田汽车公司还宣传这将是一座充分利用氢燃料的碳中和城市,具体将在第五

> **布局**
> 丰田在未来汽车业的野心

章论述。

如此处理收集到的数据，可充分用于开发新的服务、商品、人工智能和提高顾客价值等方面。归根结底，数据属于生活在其中的居民，应该用于谋求人们的幸福，即以人为中心进行价值创造。这样的立场，与 GAFAM 五巨头形成了鲜明的对比。五巨头不约而同地将数据视作催生利润的特殊资源，故而实施数据垄断，哪怕此举受到广泛批评。

"编织之城"一期工程预计在 2024—2025 年完成，整体竣工时间待定。丰田汽车公司的构想是，通过反复开发和实验，不断推动城市进化，始终保持未来之城的姿态。

与日本电报电话公司资本合作的意义

2020 年 3 月，丰田汽车公司宣布与日本电报电话公司进行资本合作，意在弥补软件短板。

双方将各持 2000 亿日元股份，共同构建和运营"智慧城市平台"。两家公司不仅有业务合作，更进一步展开大手笔的股份制合作，这表明了双方以长远目光致力于这项事业的决心。

"我认为这是一项与日本电报电话公司一起创造未来的投

资。两个价值观相同，都以促进社会进步为目标的伙伴，为长期持续地合作下去，以对等出资而非单方控股的方式，形成相互学习、互相提高竞争力的关系，这很有意义。"丰田章男在发布会上评价道。

关于智慧城市建设，日本电报电话公司有着丰田汽车公司所没有的见解。他们在札幌、拉斯维加斯、千叶、横滨、福冈以及马来西亚的赛柏再也等地正在推进智慧城市建设，拥有支撑城市运营的通信基础设施和数据解析等必要技术。

另外，目前日本电报电话公司正在致力于名为"创新光学与无线网络"（innovative optical and wireless network）的新网络构想。该构想由全光子网络（all-photonics network）、数字孪生计算（digital twin computing，利用现实世界数据在虚拟空间把对应实体进行仿真再现的技术）和认知基础（cognitive foundation，使所有信息通信资源整体优化，必要信息在网络内流通的功能）三大要素组成，目标是成为下一代通信技术的事实标准。

日本电报电话公司擅长光通信、通信网络的管理运营、数据加工处理等数据管理技术，在可再生能源地区微电网和支援地方创生方面也有所建树。

丰田章男强调："为了应对软件定位和汽车功能的变化，全面转型为移动服务公司,与日本电报电话公司的合作是应势而为,也是一种必然。"

共同出席发布会的日本电报电话公司社长泽田纯说,听了丰田章男作为经营者的想法深受触动。并举出"爱""公共贡献""诚实""志向""清廉的想法"几个关键词,明确了"大义",对将其重要性置于资本收益理论之上的推进方式表示赞同。

泽田纯说:"现在需要的是允许两者并立的、基于'次协调'(与二律背反概念相对,强调矛盾的相互关联)逻辑的新全球本土主义[①]。"这和硬件制造商丰田汽车公司在提倡"软件优先"的同时,反复强调"硬件也很重要"的态度如出一辙。

── 贯彻以人为中心 ──

要实现"编织之城"构想,需要各个行业的真知灼见,仅靠汽车行业远远不够。

[①] 全球本土主义(glocalism),是取全球主义(globalism)前半部分和地方主义(localism)的后半部分的新造合成词。——译者注

用丰田章男的话说，通信是"信息血液流动的血管"，而日本电报电话公司"支撑血液从大动脉到毛细血管的循环，驱动整个身体"。汽车和房子相当于肌肉和骨骼，在通信支撑下，方能与城市功能连接。

当然，大数据收集和利用也离不开通信。

丰田章男说："目前汽车已经嵌入社会系统，而日本电报电话公司就是最能将其有效利用的合作伙伴。构成社会的各种基础设施都由日本电报电话公司的信息基础设施提供支持。"

在这次合作发布会上，最令人印象深刻的是丰田章男和泽田纯都多次强调"以人为中心"。

正如前面提到的赛德沃克实验室在多伦多建设智慧城市的例子，商业视角并不适用于城市建设的开展。必须把人放在中心位置，谋求人们幸福生活所需要的技术和服务。建设城市和收集数据均以此为目的。搞错次序的话，丰田汽车公司也有可能重蹈赛德沃克实验室的覆辙。

丰田汽车公司正在结交志同道合的伙伴，共享"编织之城"的"以人为中心"的价值观。汇集而来的创新者和发明家也要有创造新价值和量产幸福的志向。

丰田汽车公司也没忘了在自身领域广结善缘。分别与日野、

布局
丰田在未来汽车业的野心

大发、马自达、斯巴鲁、铃木以及五十铃公司建立了合作关系。但有一个背景是，近年来随着数字技术和通信技术的高速发展和所呈现的复杂性，汽车产业"垂直整合"的局限日益突出。

"新四化"所要求的软件、最尖端技术支撑的社会系统和数据分析技术，已经超越了传统汽车产业的范畴，即便全力追赶也将徒劳。就连 GAFAM 等资金雄厚的科技巨头也纷纷收购拥有某一特定领域先进技术的风险企业。

如果坚持传统的自力更生信条，或者拘泥于体系内，根本无力开发出应用最尖端技术的新服务。所以必须与拥有最新和更专业技术的创新者合作。

不光汽车制造，城市建设也是如此。因此，"垂直整合"的思维方式显然在"编织之城"项目上行不通。这不是凭汽车一个行业就能承载的使命。

在"编织之城"中，汽车制造商能独立办成的事情非常有限。在丰田汽车公司看来，生活、工作、学习、医疗、金融等非自身专业的领域太多了。

"编织之城"构想提倡"量产幸福"，为人们提供"价值"，利益追求居于次位。因此，将更广泛的合作和伙伴关系纳入视野。

丰田章男在国际消费类电子产品展览会上宣布"编织之城"

构想后，报名参与开发的企业和个人发明家数量很多。丰田汽车公司为将幸福具象化、最大化和量产化，计划与志同道合的个人和企业合作，一起推出新的技术、产品和服务。

众所周知，世界经济因新冠疫情遭受了巨大冲击。但是，"编织之城"还是按照原计划在2021年2月23日举行了奠基仪式。不过，参加仪式的人数被控制在15人左右。丰田汽车方面，丰田章男、库夫纳以及丰田章男之子——后文会提到的"编织星球"控股公司的高级副社长丰田大辅三人参加了仪式。

在如此严峻的经营环境下，丰田汽车公司依然稳步实施"未来城市"这一不知何时才能实现赢利的先期投资，既符合其一贯的忠实作风，也反映了在丰田章男就任社长期间，丰田汽车公司练成了扎实的赢利体质。

在奠基仪式上，丰田章男致辞说："在新冠疫情下，如期兑现决策绝非易事。在此向各位相关人士的大力支持表示衷心感谢。"

— 从统一性向多样性转变 —

2020年7月，也就是在宣布"编织之城"构想约半年后，

布局
丰田在未来汽车业的野心

丰田章男又采取了一个大动作。

他对负责开发自动驾驶技术相关软件的丰田研究院高级研发公司进行重组，成立"编织星球"控股公司，负责管理"编织核心"公司和"编织阿尔法"公司两家新公司。"编织核心"公司将专注开发自动驾驶技术，"编织阿尔法"公司则负责创造新价值，如"编织之城"等。

"编织星球"集团提出了"为爱移动，安全生活"的愿景。目标是实现人、物、信息三者的"移动性＝自由移动"。

2016年，丰田汽车公司在硅谷成立丰田研究院，正式进军软件开发。吉尔·普拉特（Gill Pratt）被聘为研究员。他曾在美国国防高级研究计划局担任机器人工程学和神经形态学系统项目负责人，是人工智能和机器人领域的世界第一人。他的加盟让世界产生了丰田汽车开始研究最尖端技术的印象。

2018年3月，丰田研究院高级研发公司在东京日本桥成立。当时，丰田集团的爱信及电装公司也进行了投资。丰田汽车的软件开发基地就此诞生。

之前提到，2018年1月，丰田章男在国际消费类电子产品展览会上宣布丰田汽车公司将"全面转型为移动服务公司"。两个月后，丰田研究院高级研发公司成立。对于丰田汽车公司来说，2018年是一个重大转折点。

出任丰田研究院高级研发公司首席执行官的是詹姆斯·库夫纳。他参与过谷歌公司自动驾驶汽车开发团队的创建，并在机器人部门担任工程总监，后追随偶像普拉特进入了丰田研究院，出任首席技术官，是信息技术业界的翘楚。

丰田研究院高级研发公司总揽自动驾驶相关智能化软件的研发，其组织文化也值得一提。

丰田汽车公司有最适合汽车开发、生产、销售的组织文化，尽可能高效低成本大量生产无偏差的高品质统一产品。为此，以降低成本和标准化为至上命题，培养出了众多被揶揄为"金太郎糖"[①]的整齐划一的人才。这是典型的制造业企业文化。

丰田研究院高级研发公司则是典型的信息技术企业文化，主张自由提出多样创意，活跃开展多元讨论，重视软件的价值观。将丰田研究院高级研发公司从丰田汽车公司剥离出来也是出于这个原因，是有意识地创造打破传统的企业文化。

全世界都在争抢人工智能和数据解析技术人才。丰田研究

---

① 金太郎糖是日本一种长条圆棒状糖，用刀切成一段一段食用。整根糖果无论刀切到哪一段，图案都是金太郎的脸。后来就有人用金太郎糖形容集体或组织中的个人没有个性，千人一面。——译者注

院高级研发公司为了从全球人才市场招募顶尖人才，采取了一系列措施：规定英语为公司内通用语言；办公室设在尽显东京市中心魅力的日本桥；宣称要更新工作推进方式和公司内部规则。

丰田章男说："世人对丰田集团的认可与我们的统一性有关，比如培养出能够稳定生产无偏差工业制品的人才等。但是，'编织之城'所追求的不是统一性，而是多样性。为了实现创新，必须进行重大转型。"

——"整体"与"个别"的平衡——

那么，为什么丰田研究院高级研发公司在两年后，也就是 2020 年进行了重组呢？

原因之一，是丰田研究院高级研发公司在开发自动驾驶技术过程中发现了其"局限性"。丰田汽车公司开发自动驾驶技术的目的始终是"零交通事故"。但是，随着这项技术开发的不断深入，有一种感受越来越深刻地困扰着研发团队。那就是，仅凭汽车本身的进步，并不能实现一个真正交通安全的社会。

丰田章男说："研究自动驾驶技术，越接近目标就越能发现，即使造出自动驾驶汽车，也不可能真正达成目标。只有当基础设施、交通参与者、规则相匹配，才能实现交通安全。"

丰田章男对自动驾驶的理解和认识与其他汽车制造商有很大不同。他以包括基础设施在内的广泛合作为基础，用广阔视野及未来视角考虑自动驾驶的可行性。在这一延长线上，诞生了"编织之城"的构想。

重组的另一个理由是营筑"结构"。

正如丰田章男所强调的，随着新四化和出行即服务在世界范围内的发展，汽车制造商也开始需要考虑超出汽车范畴的移动服务和整个城市系统，即所谓的"汽车延伸"的商业化可能。

这样，就必须开拓汽车开发、生产、销售以外的业务领域。必须以与制造业视角完全不同的、灵活的思维和创意构建服务，也就是创造新商业。

这就需要结构。而丰田研究院高级研发公司的重组便是营筑结构的重要一环。

要创造前所未有的技术和服务，成功商业化并实现赢利，需要经过几个阶段。从"0"生"1"，从"1"培育到"10"，再从"10"到"100"。这将是刷新世界纪录的跨越性成长。而阶段不同，则要点各异。

如果把所有阶段放在同一组织内推进，唯恐条理不清。重点在于兼顾"整体最优"和"个别最优"，或者叫有机协调优化整体与个别。

以"编织星球"集团为例，"编织星球"控股公司负责"整体最优"，制定中长期事业发展战略。"编织核心"公司和"编织阿尔法"公司两家运营公司为达成各自的使命，只追求"个别最优"。

换句话说，控股公司制的目的正在于平衡整体与个别。

关于成立"纺织星球"控股公司的意义，库夫纳说：

"'编织星球'集团的控股公司制带来了灵活性，可以在全新体制下推进新价值和新商业。这对于丰田汽车公司的转型至关重要，可以为公司未来发展打下坚实基础。我们希望公司发展能够结合小公司的敏捷、流动和灵活等特性，整合各自优势，创造高品质商品，在扩大焦点和规模的同时，不断提供新商品。"

两家运营子公司任务不同。"编织核心"公司负责自动驾驶等新型移动技术的开发、实装和市场导入，即由"1"到"10"。

"编织阿尔法"公司则负责"编织之城"等着眼于长远未来的研发，即由"0"生"1"。

第四章
软件：打造未来城市"编织之城"

如前所述，"编织之城"项目所开发的技术和商品，以出口海外为方向，不仅应用于"编织之城"。也就是说，希望能用于全球众多智慧城市的建设。

当然，"编织核心"公司和"编织阿尔法"公司原来同属丰田研究院高级研发公司，价值观相同，对各自技术的理解也很深。编织核心公司高层、负责自动驾驶技术开发的鲤渊健说：

"'编织阿尔法'公司和'编织核心'公司在以各自最优的方法推进不同性质的技术研发。进入同一座大楼，以最快速度奔跑，保持密切的沟通。未来，'编织阿尔法'公司开发的技术将由编织核心落实到商业上，产生协同效应。好处在于，虽是不同公司，但可以在紧凑的组织中合作。"

关于重组，库夫纳评论道：

"在丰田研究院高级研发公司成立后的两年时间里，我们遇到了很多优秀的伙伴，结成了战略伙伴关系，在丰田集团的大力支持下，成绩斐然。据此，我们进一步强化了尖端软件的开发能力。丰田研究院高级研发公司将迈向下一个阶段，实现无与伦比的增长、速度和质量，连接未来。"

是星球，不是全球

想必大家也注意到了，丰田研究院高级研发公司重组，成立"编织星球"集团，舍弃了了不得的东西——"丰田"这一名称。

丰田研究院高级研发公司（TRI-AD）的首字母"T"无疑是丰田（TOYOTA）的"T"。但是，"编织星球"集团及旗下三家公司均没有"丰田"字样，不含字母"T"，意为将软件开发业务从制造实体的丰田汽车公司中分离出来。这真是深谋远虑。

对此，丰田章男解释说：

"仅靠丰田汽车公司无法创造未来。但是，我希望人们说'正因为有丰田，才有这样的进展'。为此，与其用'丰田'之名，不如创造一个开放的世界，广纳天下众多英才。这样才有可能实现'编织之城'所期望的以人为中心、实证实验和永久持续。"

也就是说，"编织之城"的建设脱离丰田汽车公司本体，以无尺规手绘的方式推进。不仅是公司名，假设把城市命名为"丰田之城"，会让人觉得这不过是一座满大街跑着丰田车的城市。之所以没有冠名"丰田"，是因为丰田在担任主导角色的同时，希望与志同道合的汽车制造商及其他产业进行开放合作。城市建设毕竟非一己之力可成。

当然，不冠丰田之名并非对丰田企业文化的否定。"编织"这个词，对丰田来说有回归原初的意味。

"Woven"的意思是"编""织"，与丰田集团初创时的产品"织机"暗含关联。再以"编织之城"为例，除"道路纵横如编织"的含义外，还包含着另一层深意。

以制造为本、硬件优势巨大的丰田汽车公司为经线，软件、基础设施、医疗等多领域技术为纬线，编织构想，实现创新。

用丰田章男的话来说，"编织星球"控股公司是整合了软件的"生产工厂"。丰田汽车公司本就拥有长期积累的制造能力和硬件优势，与软件整合后，就能够发挥更大优势。

"星球"这个词也含有丰田章男的一个见解——以"星球"为单位思考问题。

人类社会总是以人、事业、企业、国家、产业等为单位来思考和看待事物，这样的意识时常会形成对立。丰田章男呼吁，为了实现人类社会的可持续发展，应纳地球之大，即以"星球"为单位来考虑问题。

"没有用全球，而是星球。这是我个人非常中意的公司名字。"

丰田式软件优先

在前文提到的与日本电报电话公司进行资本合作的发布会上，作为合作理由之一，丰田章男指出，软件在制造领域的定位发生了变化。

过去，商品开发基本是硬件和软件的一体开发。但是，软件的进化速度远远快于硬件，商品的性能和价值提升受到硬件制约的问题日益突出。简而言之，有时即使开发出新软件，也会因硬件开发的滞后而无法顺利发布。

因此，软件优先的理念受到了人们的关注。硬件和软件分离，先开发软件，然后在硬件上实装，不再是以往的一体开发。

对习惯了硬件价值观的人来说，理解其中的含义并不容易。库夫纳举了一个硅谷常说的"软件就像园艺"的例子。

"软件就像园艺植物，是活的，可以修正错误、增加新功能、在更新中促其生长，只需要添加园艺中所说的水、阳光、土壤等资源。"

就像植物的生长没有完成式一样，软件也没有完成式。每成长一点，就必须进行细致更新，将价值传递给顾客。

进一步讲，即使种上植物，庭院也不会马上成熟。同样，软件的成长也需要时间。植物生长需要阳光、水、修整等能量，也需要处理这些能量的人才。软件成长也需要投资、管理和长期投入。

库夫纳说："我们就像园艺师，提高移动服务能力，创造新软件，培育丰田汽车公司未来的价值。"

计算机和智能手机是软件优先的典型例子。

购买个人计算机和智能手机后，在硬件不变的情况下，通过软件更新不断增加新的功能。软件频繁改良，功能不断提升，而硬件的更新和升级总是落在其后。同样的事情也即将发生在汽车领域，也就是汽车的智能手机化。

全球汽车制造商中，率先通过车载软件更新来增加汽车功能的是特斯拉。通过可以无线升级汽车软件的"空中下载技术"，为已售车辆追加了自动驾驶和辅助入库等功能。一直被指责应对空中下载技术迟缓的丰田汽车公司，现在也在谋求阶段性实现这一技术。

如果轻视空中下载技术，认为充其量也就是软件更新，那就错看了它的本质。因为它有改变传统汽车的特性的可能。

一直以来，汽车都是"刚买的新车价值最高，使用过程中价值逐渐下降"。而随着空中下载技术的出现，购车后通过软件更新，顾客价值可以持续提高。当然，这将影响二手车市场。

不过，在提倡重视软件时，丰田汽车公司最大的障碍出现在公司内部。丰田汽车公司以硬件生产为根基，是世界一流的制造企业，在这里提倡软件优先，会遭到硬件工程师们的反感，弄不好会导致公司内部的分裂。因此，以丰田章男为首的丰田汽车公司高层对此都很慎重。

库夫纳强调，"软件优先并不意味着硬件不重要。"

"软件、数据以及连接性（连接的便利性）是我们应该投资的关键技术。要制造出好的产品，必须同时具备强大的硬件和软件。"这是库夫纳的一贯主张。

软件优先这个词容易被误解，因为"first"在日语中有两个译法。一个是"第一位"，另一个是"首先"的意思。

库夫纳认为，软件优先的"first"是后者。也就是说，并非软件比硬件更优，而是更先，要先行开发软件架构。首先，通过设计软件架构层，可以并行开发硬件，也可以缩减开发周期和开发成本，软件也会更加好用。

要更快速、更顺利地开发和实装应用服务，首先需要软件定义的架构。应用服务和软件的功能扩展由此变得更容易，硬件设计也更有效率。与流水式（将项目分为各道工序稳步推进的开发手法）的制造方法不同，该方法可以并行推进硬件和软件开发。

— 通往移动服务公司的转型之路 —

高级驾驶辅助系统等先进技术，就是理解软件更新的典型例子。

丰田章男主张，在硬件不变的情况下，如果可以通过软件更新实现功能升级，那么对以耐用著称的丰田车来说，优势会更加突出。

"编织核心"公司社长虫上广志说：

"一般认为汽车行业业已成熟，但顾客需求每天都在进化，我们的应对必须更加认真。"

今后，人们将感受到汽车软件同于或高于硬件的价值。为了满足这些需求，需要追加软件更新功能。如自动驾驶功能、信息娱乐系统功能提升、内容提供等。

也就是说，在新四化和出行即服务时代，满足于传统销售模式，整车卖断给顾客的汽车制造商将被淘汰。交车给顾客后，还要通过软件更新持续提升汽车功能。

布局
丰田在未来汽车业的野心

比如，通过连接技术串联各类信息来创造顾客价值。为此，作为开发基础的软件开发工具群不可或缺。

编织阿尔法开发了软件开发平台"Arene"。通过这一共同平台，可以提升软件开发的速度，验证安全性，提供各类应用程序，与众多伙伴进行合作。

库夫纳既是编织星球的代表，同时还出任了丰田汽车公司的执行董事和首席数字官，这充分表明了丰田汽车公司推进软件优先工作的决心。

另外，丰田章男的长子丰田大辅在"编织星球"任职，辅佐库夫纳，从中也可以看出丰田汽车公司对这一领域的重视。关于丰田大辅的职位，丰田章男说："在丰田汽车公司的组织里，他的立场和我的立场有很大不同。但是，我们是父子，有机会在公司以外的地方进行对话，对话能直触本质，这对我来说也是一种幸运。"

丰田章男认为，如果父子对话有助于丰田汽车公司以及丰田汽车公司的未来，那就是"好的父子关系"。

他还指出，丰田大辅加入编织星球集团，拉近了自己与库夫纳之间的距离。丰田汽车公司的顶层和"编织星球"集团的顶层距离如此之近，等于说，"编织星球"控股公司的工作有了强大的后盾。

丰田汽车公司能否成功地从汽车制造商全面转型为移动服务公司？毫无疑问，"编织星球"控股公司担负着丰田"汽车延伸"事业的未来。丰田章男的"一代一业"即将迎来正式演出。

第五章

氢：挑战脱碳

第五章
氢：挑战脱碳

在全球汽车制造商纷纷向纯电动化转型时，丰田汽车公司却有不一样的选择。丰田章男认为"我们的敌人是二氧化碳，不是内燃机"，一头扎进前途未知的氢燃料发动机研发。

目的在于既充分保持内燃机的优势，又能做到汽车在行驶中几乎不排放二氧化碳，丰富碳中和选项。

丰田汽车公司给人的印象一向是质朴刚健、厚重稳定，行事风格小心而冷静。如今独树一帜地挑战绝无成功先例的氢燃料发动机汽车，外界不免感到惊讶："这一步跨得有点大吧？""没考虑风险吗？"

需要突破的技术壁垒确实很高。马自达汽车公司和宝马汽车公司都曾经开发氢燃料发动机汽车并面市，但都铩羽而归。"丰田能行吗"的疑虑，显得再正常不过。

但丰田汽车公司已然诉诸行动，朝着那个尚且模糊的汽车社会奔去。丰田章男对氢燃料发动机如此执着，不仅为汽车，还有以氢能作为实现碳中和社会重大选项的宏大愿景。下面让

> **布局**
> 丰田在未来汽车业的野心

我们一起寻踪丰田章男意欲掀起碳中和新浪潮的真实脉络。

— 扩大选项 —

起因是时任首相菅义伟的"碳中和宣言"。2020年10月26日,菅义伟政府宣布日本将力争在2050年之前实现碳中和。根据这一宣言,进一步提出,2035年日本市场不再销售燃油汽车。

这一宣言震惊了整个汽车行业。

以此为肇端,日本的政策支持开始向电动汽车倾斜。一时间,"让汽车制造全部纯电动化"的论调四起。甚至有极端声音说"传统制造已该淘汰"。2020年12月17日,丰田章男作为日本汽车工业协会会长出席例行记者会时表示"此言差矣"。在次年4月22日的日本汽车工业协会记者会上,他进一步说:"现在,日本该做的是先增加技术选项,再出台政策法规。上来就把汽油车和柴油车一刀切,是让碳中和之路变窄,甚至会因此丧失日本原有的优势。希望日本政府在制定政策时,不要颠倒顺序。"丰田章男的言语中,罕见地透着怒气。

目前日本约75%的电力来自火力发电,可再生能源不足两成。二氧化碳不仅是燃油汽车在排放,工业制造和能源生产过程本身也在排放。也就是说,从生命周期评估的角度来看,日本火力发电占比如此之高,即使追随欧洲推进汽车的纯电动化转型,也实现不了脱碳。

丰田章男正是这样的看法——情况恰恰相反,纯电动汽车生产得越多,排放的二氧化碳就越多。

更何况日本汽车产业已通过在混动技术等方面的努力,成功减排二氧化碳超500万吨。日本的汽车公司在全世界率先开发混动技术,如果将碳中和等同于"去内燃机",就会抹杀这一领先。长期积累的内燃机技术优势,将就此丧失。

在混动技术领域,欧系落后于日系。欧洲车企曾试图通过柴油车一举翻身,却因2015年大众汽车尾气检测造假丑闻而搁浅。前面已经讲过,在欧洲积极推进纯电动化的背后,无疑有"消解日本混动优势"的谋算。

日本汽车的出口竞争力也将受到威胁。目前,日本国内每年约1000万辆的汽车产能中,有约500万辆销往海外,占比50%。假如全球把限制碳排放的生命周期评估进一步加强,由于日本汽车在制造阶段的碳排放不能达标,出口甚至会被零封。据日本汽车工业协会估算,届时将失去100万个工作岗位,经济影响达260000亿日元之巨。

"真若如此，我们或许不能在本土造车了。"丰田章男的危机感表露无遗。

他更担心的是去内燃机化对就业岗位的直接威胁。这是关系到汽车零部件厂商存亡的重大问题。据说，如果汽车纯电动化，整车将减少约10000个零件，发动机零件首当其冲。这必然带来工作岗位的相应减少。

"之所以强调'扩大选项'，是因为我们肩负着汽车产业550万个工作岗位，甚至是日本国民的工作和生活。"丰田章男剖白自己的危机感。

当然，丰田章男并不反对脱碳本身。作为日本汽车工业协会会长，他非常重视"碳中和宣言"，并表示会全力践行碳中和本身。既然真心去做，就应该立足于日本的能源现状，探索出一条具有日本特色的碳中和之路。

丰田章男说："现在最重要的是扩大技术选项。"

氢燃料发动机便是选项之一。他认为，日本的碳中和之道应该有氢燃料。

氢燃料发动机使用氢代替汽油，在保留内燃机的条件下实现碳中和。此外，还考虑使用氢和二氧化碳合成的液体燃料"e-fuel"。两者几乎都可以直接使用内燃机为碳中和做出贡献。

而此前积淀的发动机技术也得以存续。

丰田章男说："在日本的努力下，新的道路日渐显现。日本有日本自己的道路。"

那么，氢燃料发动机汽车离实际应用还有多远？

— 让氢燃料发动机汽车参加耐力赛 —

提出让氢燃料发动机汽车作为赛车出场，是在2020年年底。新冠疫情仍在持续，丰田章男在爱知县蒲郡市丰田集团"KIZUNA"研修所过着"疏散生活"。Gazoo赛车公司社长佐藤恒治及技术部的几名员工带着搭载了氢燃料发动机的卡罗拉前去拜访。

丰田汽车公司开发了氢能驱动的氢燃料电池汽车。氢气和空气中的氧气发生化学反应，再转换为电力驱动电机行驶。氢燃料电池汽车在行驶中不排放二氧化碳，能源效率高，续航里程长，燃料补充快，被称为终极环保车。2014年12月，丰田汽车公司将氢燃料电池汽车"未来"投放市场。

有了未来汽车的成果积累，丰田汽车公司在2016年正式与雅马哈发动机公司、电装等公司合作开发氢燃料发动机。

布局
丰田在未来汽车业的野心

"开开看。"

丰田章男和同在研修所的职业赛车手小林可梦伟一起，试驾了氢燃料发动机卡罗拉。

"开着它去比赛吧。"

丰田章男出于直觉，立刻做出让氢燃料发动机汽车参加比赛的决定。同"编织之城"构想一样，都是"一瞬间的直觉"，是超高速施策。

常识让人无法想象驾驶着一辆尚在开发过程中的汽车去参加比赛。那么为何要这么做呢？当然是为了让氢燃料发动机超速开发。

2021年4月22日，丰田汽车公司宣布正在进行氢燃料发动机技术开发，并将在一个月后，由搭载氢燃料发动机的"卡罗拉运动版"参加比赛。这则消息颇具冲击性，外界普遍认为，这个挑战史无前例，失之鲁莽。

如前所述，赛车运动前沿的汽车开发，在时间轴上比市售车开发要快得多。

"我想在赛车场上向全世界证明，氢燃料发动机应该作为碳中和的选项之一。在争分夺秒的比赛节奏下，快速进展，快出成果。况且参加24小时耐力赛，发动机必须足够耐用，只坚持三五小时是不行的。"

说着,丰田章男表露了决心:

"我本人就是参赛车手之一。一提到氢气,多数人都会联想到爆炸。所以我要作为车手参赛,亲身证明其安全性。"

确实是个认真、热血的拼命三郎。

可是时间。5月21日至23日,富士赛道上的24小时耐力赛,时间真的允许丰田在首场比赛之前,开发出合格的氢燃料发动机赛车吗?

丰田汽车开足马力全速研发,终于在4月24日完成参赛车辆的组装,并进行了首次试驾。此时距做出参赛决定仅4个月,离正式比赛只有不到1个月的时间。

— 从5分钟即坏的发动机开始 —

氢气的燃点比汽油高。想稳定地燃烧氢气,须解决各种新的技术难题。这也正是在开发初期,发动机只能正常工作5分钟的原因所在。

氢燃料发动机汽车的上路行驶,需达成三点:特殊的喷射系统;储氢罐及配套技术;强大的发动机。三者研发各有各的叙事。

（1）喷射系统是指发动机喷射燃料的装置。汽油发动机是将液体汽油喷射雾化送入燃烧室，氢燃料发动机则要将液态氢高效稳定地释放为气体送入燃烧室。而对氢的控制要比汽油难得多。

丰田集团的电装公司擅长发动机喷射装置的开发，累计生产汽油发动机喷射系统超10亿套。可以说，没有电装公司特别开发的氢燃料发动机喷射系统，就不会有这次的挑战成功。

丰田汽车公司的研发人员称赞说："多亏了他们，是他们用饱满的热情化解了无数次失败，才让我们迎来最终的成功。"

电装公司的喷射系统加上丰田汽车公司的直喷发动机技术，做到了稳定控制氢燃烧时的温度。

（2）储氢罐的开发，得益于未来汽车公司的存在。氢燃料电池汽车是利用氢氧化学能发电，与直接使用氢气的氢燃料发动机汽车在供能方式上不同，但压缩罐及其装载技术是可以通用的。

未来汽车搭载的压缩罐，是塑料材质外裹碳纤维，经烘烤固化后施以树脂涂层，有很高的强度，可以高压安全储氢。在此基础上建立了送气系统。

未来汽车搭载了大、中、小号3只储氢罐。而参赛的卡罗拉运动版车型较小，为了实现单次充氢长续航，拆掉了后排座椅，全车安装4个储氢罐，2个中号罐，再加2个与中号相同直径的短罐。未来汽车的储氢量是140升，而改装后的卡罗拉运动版汽车达到了180升。

（3）发动机则脱胎于GR雅力士赛车。GR雅力士赛车上市后，通过参加耐力赛，反复进行"破坏—修复—再造"的过程，最终打造出耐高温、高压和高转速的"战斗式发动机"，非常适合作为氢燃料发动机的原型。

一般来说，氢燃料发动机汽车无法在短时间内开发定型。而丰田汽车不仅做到了，还开着它参加了比赛。这就是丰田汽车的潜力和底气。

故障就是财富

就这样，丰田章男的私人车队新秀车队，从2021年日本超级耐力赛第三站——富士赛道24小时耐力赛开始，把赛车换成搭载氢燃料发动机的卡罗拉运动版，进入由各大汽车制造商新研车型参加的"ST-Q"组别的比赛。

布局
丰田在未来汽车业的野心

　　站在蓝、白、黄等色迷彩涂装、侧身贴着"32"标识的卡罗拉运动版前，丰田章男满腔热血地吐露心声："我想把氢燃料发动机告诉全世界。"比赛之前，他曾说："今天，我要将一切展示给大家，包括比赛背后的细节。"他的意图在于找出氢能利用的所有问题，包括比赛中出现的故障。以下是丰田汽车的自办媒体《丰田时报》公开的富士赛道 24 小时耐力赛决赛的记录，比赛时间为 5 月 22 日至 23 日。

5月22日

　　15：00　第一位车手小林可梦伟，驾驶"32 号卡罗拉运动版"出发。（驾驶搭载氢燃料发动机的赛车参加耐力赛，在世界上尚属首次。小林可梦伟、Morizo 等 6 名车手组队，将飞驰 24 小时。）

　　15：28　小林可梦伟行驶 10 圈后，回到维修区。在充能区为赛车充氢。（充能区是维修站旁边停着的两辆大卡车，是移动加氢站。给氢频率设想为 30 分钟 1 次）

　　16：10　车手交接，新秀车队的队长"Morizo"丰田章男上场。（丰田章男当时 65 岁，一直自称为车手"Morizo"。为了参加比赛，他不仅平时坚持使用跑步机进行高强度训练，最近还在注意营养管理。）

16：15 "Morizo" 进入赛道，驾驶仅 1 圈便返回维修站。传感器检测到发动机舱内氢泄漏，无线指示进维修站。查明原因是发动机燃烧气体的回收管道脱落。修理管道后，"Morizo" 再次冲上赛道。（"Morizo" 评价："驾驶感觉和汽油车别无二致。"）

17：56 行驶约 1 小时后车手 "Morizo" 和佐佐木雅弘完成交棒。但是，佐佐木仅行驶 4 圈便再次进站。这次更换了喷射器等所有可能影响行驶的部件。维修时间比预想的要长。其间，"Morizo" 现身维修区，不断激励机械师和工程师。

19：36 佐佐木雅弘再次出发。

21：15 从比赛开始到现在已经过去了 6 个小时。现在是第四位车手井口卓人。

22：49 第五位车手松井孝允出发。充氢后，继续行驶。

23：15 电气系统发生故障，紧急进站。维修工作持续至次日凌晨。（据松井孝允说，在转弯的过程中，电气系统发生故障，供电中断。重新启动后驶入维修站。）

5 月 23 日

1：30 "Morizo" 赶到，激励正在修理作业的团队成员。

3：30 修理工作持续 4 个小时后，终于重新启动了引擎。松井孝允重返赛道。

布局
丰田在未来汽车业的野心

4：32 第六位车手石浦宏明出发。充氢后驶入赛道。

6：35 小林可梦伟替下石浦宏明完成车手交接。至此，所有车手都经过了一轮轮换。

8：11 累计行驶里程突破 1000 千米。

8：25 "Morizo" 第二次驶入赛道。

9：30 行驶 1 小时后，车手替换为井口卓人。

10：40 佐佐木雅弘替下井口卓人。

11：30 松井孝允替下佐佐木雅弘。行驶里程突破 1500 千米。

13：30 石浦宏明替下松井孝允。

14：00 石浦宏明紧急进站。转向不稳，行驶性能恶化。确认原因为右后方的减震器螺母脱落。（维修站没有替换零件，但是机械师说"GR 雅力士也使用了这一零件"。从停在维修站后面的工作人员用车 GR 雅力士上取下同样的零件。零件更换结束。）

14：27 最后冲刺交给 "Morizo"。比赛还剩约 30 分钟。

15：00 "Morizo" 驾驶的 32 号卡罗拉运动版终于完成比赛并接受检查。

顺便提一下，车队后勤也践行了碳中和。为维修站供电的是停在后院的未来汽车。未来汽车通过大型外部给电器送电至维修站。另外，维修站旁边的显示器和移动办公室"丰田

Granace"也配备了未来汽车的装置,实现了零碳供电。智能手机充电和大屏幕供电均来自未来汽车,炊事车烹饪也使用氢气。

"如果这种方式不断改进,氢能生活应该会普及吧。"丰田章男说。

意料之中的是比赛从一开始就波折不断。佐藤恒治说:"这是一次伤痕累累的出道战。"

比赛中,故障频出,最大的一次麻烦来自电气系统,足足修理4个小时后才返回赛道。

丰田章男说:"这些时间是迈向碳中和的宝贵财富。"

24小时耐力赛,3次出场,累计3.5小时

令人忐忑的氢燃料发动机赛车,艰难却顽强地跑完了24小时赛程。这真是梦想成真。丰田章男驾驶着它冲过终点的瞬间,团队的研发人员、机械师等所有人都冲上来抱住他分享这一喜悦。

经数据统计,丰田章男等6名车手共行驶了1634千米(358圈),行驶时间为11小时54分。剩下的12小时零6分钟在维修站,故障修理和安全确认工作8小时零1分,充氢35次共4

小时零 5 分。相当于往返东京和大阪 2 次。需要提一下，丰田章男上赛道共 3 次，累计驾驶时长 3.5 小时。

凭借丰田章男所说的"坚强意志驱使的热情和行动"，丰田汽车公司向未来的碳中和迈出了一大步。

赛后，丰田章男说："顺利完赛，跑了 1500 千米以上吧。虽然中间出现多次故障，但最终在我们团队的协力维护下，让这辆尚处试验阶段的赛车跑完了全程。正因为是临时赶制，这场收获才显得丰满。假如为了结果更加完美，要求车手们在驾驶过程中刻意小心操作，那么对于这次出现问题的零件我们将一无所知。而只有知道了这些，才能找到问题所在。这次 24 小时耐力赛是为我们更远的征程做准备。大家辛苦了，都好好睡一觉吧。"

虽然刚刚出演了一场惊险戏，但丰田章男的表情中洋溢着闯关后的安心和满足。

2021 年，丰田汽车的氢燃料发动机汽车共参加耐力赛 4 次。除了 5 月的富士赛道 24 小时耐力赛，又接连出征 7 月 31 日—8 月 1 日的大分县日田市 Autopolis 5 小时耐力赛、9 月 18 日—9 月 19 日的三重县铃鹿赛道 5 小时耐力赛、11 月 13—14 日的冈山县美作市冈山国际赛道 3 小时耐力赛。

驾驶氢燃料发动机汽车的每一次参赛都意味着一次进化。在比赛中发现问题,在下一次参赛前解决问题。GR 雅力士已经实际证明了在比赛前沿锤炼汽车的效果。也就是说,在处于时间轴前端的赛车运动现场,实践敏捷开发,以超越平常的速度改良汽车。

最终,在短短 6 个月的时间里,氢燃料发动机汽车的输出功率提高了约 20%,扭矩提高了约 30%。充氢速度也从富士赛道上的 4 分半钟缩短到日田赛道上的 2 分半钟,在铃鹿赛道上进一步缩短到 2 分钟,最后在冈山赛道上是 1 分 50 秒。

在冈山国际赛道比赛时,技术人员解释说:"在这里,我们达成了 2 分钟以内完成充氢的目标。但是,压强不同,每次的充氢时间也不同,是否能一直保持 2 分钟以内的速度,目前还不得而知。"但充氢时间逐次缩短,是不争的事实。

丰田章男发表赛后感想时说:"为了实现碳中和,我们历经艰辛开发出使用氢能的新型环保发动机,所以想让汽车本来的'行驶、转弯、停止'发出更好的声音,尤其在这样的比赛中。"

> **布局**
> 丰田在未来汽车业的野心

— 氢燃料发动机是星星之火 —

氢气易燃,且不排放二氧化碳,是绿色安全能源。通过电解水,几乎可做到取之不尽用之不竭,也可以长期储存,长距离运输。日本化石能源匮乏,如果氢气能够替代部分依赖进口的煤炭和石油,在提高能源自给率的同时,也有助于保障能源安全。

日本是全球范围内较早关注氢能的国家。1973年,第一次石油危机爆发,日本政府由此制订了"阳光计划",开始了氢能技术研究。2014年6月制订了"氢能与燃料电池战略路线图",2017年12月确立了"氢能源基本战略",为氢能社会奠定了基础。

其中,丰田汽车公司研发的氢燃料电池汽车和松下汽车公司研发的家用燃料电池热电联供系统(ENE-FARM,能源农场)等氢能技术处于世界领先地位。相关专利申请数也位列世界第一。

但是,虽然技术领先,在应用层面的发展却并不尽如人意。而温室气体零排放进程正在加速,普及氢能成为全球性行动。日本自然不能落后。

从这个意义上来讲，丰田汽车公司研发氢燃料发动机，可以说是迈向氢能普及的重要一步。

丰田汽车公司在这条路上也曾遭遇挫折。当初未来汽车投放市场后，由于燃料成本高，充氢站等配套没跟上，进展并不理想。丰田章男把充氢站与氢燃料电池汽车的关系比喻为"花与蜜蜂"。

"一荣俱荣，一损俱损，相互需要，双方平衡，方能共存。"

可以说氢能实际应用于社会才刚刚起步。在日常生活和产业活动中密切使用氢气尚需时日。但可以预见的是，氢燃料发动机是星星之火，将使氢能应用成燎原之势。

建立氢供应链

氢能要实际应用于社会，重要的是形成相较其他能源的成本优势。也就是说，必须建立更具竞争力的氢供应链，包括制造、运输和储存/使用这三个领域。

丰田章男以驾驶卡罗拉运动版参加耐力赛为契机，全力构建氢气制造、运输和使用的供应链，目的也在于此。他不是单纯的参赛车手，还是一个氢能社会的践行者。

布局
丰田在未来汽车业的野心

丰田章男平日经常说："在碳中和领域，要全产业参与氢能供应链，这一点非常重要。"

首先来看三个领域中的"制造"。

氢分为三种：制造过程中不排放二氧化碳的绿氢；通过天然气制氢，制造过程中产生二氧化碳并排放到空气中的灰氢；制氢过程中产生的二氧化碳被再回收的蓝氢。

虽然现在制造出的氢气仍以灰氢为主，但是作为脱碳化的一环，世界关注的焦点却是绿氢。不过，绿氢还需要解决制造成本等经济性问题。

丰田章男说："比起是绿，是灰，还是蓝，首先普及氢能才是最重要的。"

丰田汽车在四次耐力赛中，使用了不同的氢气。意图通过使用各类氢气，找出制造、运输、使用过程中的各种问题。

第一次是富士站比赛。使用了日本新能源与产业技术开发组织、东芝能源系统、东北电力、岩谷产业共同出资在福岛县浪江町设立的福岛氢能研究基地制造的绿氢。

福岛氢能研究基地是世界最大的绿氢制造机构。它利用场地上铺设的太阳能发电装置所提供的可再生能源制氢，致力于从制造到使用全过程的二氧化碳零排放。基地装备有10兆瓦的水电解制氢装置，目标是根据需氢量预测调节产量、低成本研发以及为实现商用化而提升制氢效率。

福岛氢能研究基地生产的氢气原计划在 2020 年东京奥运会和残奥会上亮相。完善首都圈的氢供应链，利用氢燃料电池汽车输氢，在奥运村投入使用，向世界展示日本的氢能技术。但是，突如其来的新冠疫情导致奥运会延期，让项目参与者大为沮丧。

丰田章男一向支持使用福岛氢能研究基地制造的氢气，并于 2021 年 3 月实地考察了福岛氢能研究基地的生产现场。他对同行的福岛县知事内堀雅雄说：

"作为氢的'使用者'，我们想参与实证如何运输和使用氢。"

"汽车业界将团结一致，促进绿氢使用，愿为创造福岛的未来做出贡献。"

丰田章男关注福岛县内的氢能实证，表示了与县、町合作的意向，并承诺在耐力赛中使用福岛氢能研究基地的氢。

第二次是大分耐力赛。除福岛氢能研究基地的绿氢外，还使用了丰田汽车九州公司太阳能发电制造的氢，以及大分县玖珠郡九重町的大林组地热发电装置制造的氢。后者是就地取用的尝试。

布局
丰田在未来汽车业的野心

福冈县宫若市的丰田汽车九州宫田工厂从 2016 年开始，利用铺设在工厂屋顶的太阳能板得到电力，电解水制氢，为厂内进行搬运作业的叉车提供燃料，并作为固定式燃料电池的能源，应用于照明和供油。

地热发电是日本在全球领先的可再生能源之一。日本的地热资源量世界第三，仅次于美国和印度尼西亚。有热源的保障，就能稳定地昼夜供电，前景广阔。日本政府将地热发电设备出口视为脱碳战略的支柱。大林组能够利用地热发电装置制造绿氢，但由于地处深山，输送氢的基础设施尚不完善，所以并没能上市销售。

大林组社长莲轮贤治说："一直都在为制造的氢无处可用而烦恼。这次有幸得到丰田汽车九州公司的垂顾，能够作为氢燃料发动机的能源。今后，我们还将继续努力，争取解决成本问题。"

丰田氢燃料发动机赛车在这场耐力赛无故障跑完 85 圈后，丰田章男朝着赛场大楼的方向用力挥了挥手。莲轮贤治在那里的二楼观赛。

第三次是铃鹿耐力赛。这次除日本国内生产的氢气外，丰田汽车还使用了从澳大利亚进口的用褐煤制造的灰氢。

所谓褐煤是指水分和杂质含量较大的劣质煤。川崎重工业公司、岩谷产业公司、日本电力开发公司计划将使用低成本褐煤制造的氢进口到日本。因为要实现氢能社会，光靠日本国内的氢产能还远远不够。

第四次是冈山耐力赛。除大林组、丰田汽车九州公司、福岛氢能研究基地的氢外，丰田公司又新加入了取自福冈市下水道沼气的氢。污水处理过程中产生的沼气由甲烷和二氧化碳构成，利用膜分离装置析出甲烷，使其与水蒸气发生反应后提取氢。因为其产生的二氧化碳被回收，所以算是蓝氢。

一场比赛能带来多个伙伴

接下来，要讲的是氢供应链三大领域中的第二个——运输。要将氢供给成本控制到最低，就必须降低运输成本。

氢的运输并不简单。另外，完善充氢站等配套设施也非易事，因此除了运输成本，还要加上不小的储存成本。那么，要将氢运送至赛场，需要做哪些工作呢？

第一次和第二次的耐力赛，是直接将福岛氢能研究基地制造的氢运至赛场的充氢站。充氢设备由岩谷产业和太阳日

布局
丰田在未来汽车业的野心

酸制造。

第三次的铃鹿耐力赛,使用了进口氢。液化氢运输船"穗矶边疆(Suiso Frontier)"于2019年12月举行了下水仪式,川崎重工业原计划在2021年年初用该船从澳大利亚运氢至日本。然而,需要改造储氢罐构造,以应对海上运输颠簸对液化氢产生的影响。这样在时间上就赶不上赛程安排。

所以,只能使用储氢瓶从澳大利亚空运至名古屋机场,再由氢燃料电池卡车从名古屋机场转运至铃鹿。承担转运任务的是丰田汽车公司、五十铃汽车公司、铃木汽车公司等5家公司组建的商用车合作联盟——商用日本合作伙伴技术公司。

在这个过程中,发现受卡车载重限制,运输效率很低。

商用日本合作伙伴技术公司社长中岛裕村说:"在实际使用场景中,我们需要主动提出'在这种环境下应该这样制定标准',然后大家共享,标准就此形成。标准制定方和提议方携手合作,这一点很重要。"

丰田汽车公司以耐力赛为契机寻找问题,以广泛的讨论促成改进改善。之所以能形成这样的潮流,是因为有了一群共同构建氢供应链的伙伴。

丰田章男感受到了这种呼应,说:"每参加一次比赛,我们便多几个伙伴。"

氢供应链三大领域的最后一个是"使用"。降低制氢成本，最重要的是创造"量"。如果使用氢能的伙伴增多，就能通过量产效应降低制氢成本。成本的降低又将促成用氢伙伴不断增多，形成良性循环。丰田汽车公司在氢燃料电池汽车的基础上，进一步开发氢燃料发动机汽车，也包含了拓宽氢能用途的用意。

川崎重工业的社长桥本康彦在赛后记者会上说："我们的使命是大量制氢，以低廉的价格供应给日本社会。只有供给方和使用方共同行动，才能推动氢能社会实现循环。我们在不断壮大氢供应链的同时，也在不断地寻找新的伙伴。就在我们还在思考社会能够多大程度使用我们的氢气时，丰田汽车公司率先向我们展示了这种可能性。在比赛这种最严酷的状况下，氢燃料发动机依然在运转。这不仅给我们川崎重工，也给众多日本工程师带来了希望和力量。"

为了今后大量供氢，川崎重工计划推进船舶和装卸基地大型化。氢的大量制造和大量运输，将进一步降低氢的导入成本。

顺便提一下，2021年12月24日，川崎重工的"穗矾边疆"号液氢运输船从日本的液化氢装卸基地"Hy touch 神户"出港，于2022年1月20日抵达澳大利亚维多利亚州的黑斯廷斯港液化氢装载基地。在那里装满用褐煤制造的液化氢，于 2022 年 2 月 25 日顺利返回日本。

"编织之城"是一座"氢能城市"

丰田章男为什么会对氢能社会付诸如此巨大的热情？当然是为了实现碳中和，最终建立可持续发展的社会。换言之，是为了实现地球更加美好的未来。

不过，要构建氢能社会，就必须让城市建设发生改变。

前文说过，在 2020 年年底关闭的丰田汽车公司东日本东富士工厂的旧址上，一座未来城市——"编织之城"正在形成。

"编织之城"不仅试验出行即服务、在实际生活中应用自动驾驶技术的新四化、机器人和人工智能（AI）等新技术，还是一座尝试将氢作为主要能源的氢能新城。丰田汽车公司计划在这里实证氢能制造、运输和使用。

2021 年 10 月 5 日，在裾野市召开的未来城市建设说明会上，库夫纳说：

"丰田汽车公司将与裾野市合作，力争在'编织之城'实现碳中和。特别要大力推进使用氢能。"

丰田汽车公司一直将氢能定位为未来大有可为的清洁能源，在各个产业领域积极推动氢能普及。在中部圈，由出光兴产公司、岩谷产业公司、中部电力公司等18家公司组成的中部圈氢能应用协会，计划在2030年建成可达30万吨产能的氢供应链，推动氢能社会的实现。

库夫纳说："氢能是实现碳中和的强有力的选项之一。我们想开拓其真正作为可持续能源的可能性。"

丰田汽车公司计划在"编织之城"建设以氢燃料电池为动力源的生态环保系统。合作伙伴是能源巨头新日本石油公司。该公司至今已在日本四大城市圈开展并运营了47个商用充氢站，是氢能产业当之无愧的领军企业。

新日本石油公司的计划是将充氢站建在编织之城附近，用水电解装置制造取自可再生能源的绿氢，并在2024—2025年"编织之城"正式启用前投入使用。

为了不破坏富士山麓优美的自然景观，"编织之城"会将丰田汽车公司开发的固定式燃料电池电力系统布置在地下，让居民享受更高的生活质量。这正是其被誉为"以人为中心"的城市的原因所在。

"编织之城"提出了可抗灾害的能源系统，即虚拟电厂构想。利用物联网的高级能源管理系统，将分散的能源资源整合在一起，进行远程管控，调整供需平衡。

虚拟电厂的载体是纯电动汽车和燃料电池汽车。人们期待它能发挥储存电能的"移动蓄电池"的作用。

此外，还将建立以商用卡车为中心的用氢需求验证和管理系统。与乘用车不同，商用运输车的工作状态有规律，氢消耗量基本稳定，比较容易统计需求规模和成本。以此推进"编织之城"及邻近地区含物流在内车辆的动力电池化。

二轮车制造商的掌舵者也加入进来

对丰田章男来说，2021年是特别的一年。制造出氢燃料发动机样车是在2020年年底。翌年，丰田章男就亲自握着氢燃料发动机汽车的方向盘，来到了耐力赛场，以这样的方式向碳中和发起挑战。

2021年11月13日至14日，冈山国际赛车场举办了超级耐力赛的最后一场比赛。致力于脱碳化的5家四轮车、二轮车制造商的掌舵者们聚集于此。

到场的有马自达汽车公司社长丸本明、斯巴鲁汽车公司社长中村知美、雅马哈发动机公司社长日高祥博、川崎重工业公司社长桥本康彦。当然还有丰田章男。前面几位都是响应丰田章男号召而来的"伙伴们"。

马自达汽车公司的丸本明说："今年9月底的时候，丰田社长邀请我'来玩吧'，但我觉得不能空手去，于是临时决定马自达首次参加耐力赛。"

马自达汽车公司开发出搭载柴油发动机，使用新一代生物燃料的汽车，仅用时两个月就成功参赛。它使用的是生物风险企业尤格丽公司以微细藻类"绿虫藻"的油脂和废弃食用油为原料制造的生物柴油燃料。丸本明说："重要的是提供多样的燃料选项，而不仅仅是氢。"

"请看，行驶中只有一辆车没有声音。"正如丸本明在记者会上所言，马自达赛车辆几乎没有声音，是因为采用独有技术降低了柴油机噪声。当它以一种近乎怪异的安静倏然而过，真是一幅令人不可思议的场景。

斯巴鲁汽车公司宣布将从2022年的耐力赛开始，驾驶合成燃料驱动的车辆参赛。这种合成燃料以生物质能（动植物提供的有机资源）为原料。中村知美表示，"我们将推出搭载培育多年的内燃机的新型汽车。"

而雅马哈发动机公司和川崎重工业公司，将联合同行铃木及本田，共同研发二轮车用氢燃料发动机。

丰田汽车公司宣布2022年继续驾驶氢燃料发动机汽车参加超级耐力赛，并要将燃料换成充填效率更高的液化氢。

不过，丰田章男作为车手毫不避讳地袒露了稍显示弱的心声：

"我非常想作为车手参赛，但毕竟65岁了，所以我想和身体商量着来。"

丰田章男一向主张碳中和应该有多种选项，这完全正确。在日本这样的多灾害国家，大型电力系统瘫痪的事态并不难想象。说得极端一点，如果所有汽车都纯电动化，很多交通方式将消失，人们的行动将受到决定性的限制。

话虽如此，氢燃料发动机能否形成气候、担负起选项之一尚是未知数，其技术壁垒仍不在少数。那么，氢燃料发动机汽车是否有量产化的可能性呢？

前面提到的佐藤恒治说："这半年，我切实感受到了进步。最初是抱着试一试的心态，现在已经明了氢燃料发动机技术为何物。

"但是，要实现量产，难度级数要高出很多，这也是事实。

要说在量产化的时间轴上我们处在什么位置，我觉得还不值一提。现在的技术在某种程度上还局限于赛场。我们应该通过反复的实证性实验，在一般使用环境下，作出进一步的观察。"

事实确是如此。实现量产化还存在各种各样的问题。例如，氢燃料发动机在连续使用10年、20年的情况下，如何保证其耐久性？能否经受住全球范围内的沙漠、极寒地带等各种严酷的使用环境？这些都需要弄清楚。另外，在赛道高速行驶的状态虽然已经清晰，但是在城市街道低速行驶的状态下又如何呢？

并且，因为储氢罐的存在，氢燃料发动机很难安装在小型乘用车上。甚至有人说，氢燃料发动机更适合商用车。路漫漫其修远兮。

尽管如此，丰田章男仍然认为：

"各公司都开始在超级耐力赛的舞台上，用现物来实证实验阶段的技术。这种由坚定意志催发的热情和行动，将改变10年、20年之后的未来。"

── 碳中和的领跑者 ──

丰田章男决心继续推进氢能相关的研发。他认为，分拨资源开发未来技术,是大企业的责任。

幸运的是,"制造""运输""使用"氢气的技术正在逐渐进化,未来就在前方。要实现碳中和,社会要适时适速进行改变。

因此,丰田章男说:"希望大家将汽车产业当作实现碳中和氢能社会的'领跑者'。"

丰田章男认为,世界正经历着一场漫长的脱碳马拉松,而汽车产业担任了这场长跑的"领跑者"。他决心继续呼吁"不限于纯电动汽车""还有氢能这一选项"。

第六章

时间：50 年后
作评

第六章

时间：50 年后作评

丰田汽车公司是全日本市值最高的上市公司，也是在日本"失去的 30 年"中，市值增长最多的企业。

但是，这期间丰田汽车公司走过的绝非一片坦途。2009 年丰田章男就任社长时，丰田汽车公司受到前一年雷曼危机的重创，营业亏损 4610 亿日元，为历史最高；同年，在美国发生的雷克萨斯事故触发了丰田汽车全球大规模召回事件；2011 年发生了东日本大地震和泰国洪灾；再加上后来的日元升值、电力不足等，危机接二连三。

丰田章男就任社长后，在动荡的时代重振丰田汽车公司，使其成长为日本汽车行业的领军企业。

现在，丰田章男将目光投向"编织之城"、纯电动汽车、碳中和、氢能社会，描绘着丰田汽车公司从传统汽车制造商向移动服务公司转型的未来。

他看到的未来的丰田汽车公司是怎样的呢？

由此我想起了丰田章男的父亲——现任丰田汽车公司名誉

会长丰田章一郎说过的一句话。

那是 2010 年，丰田汽车大规模召回事件发生，丰田章男出席了美国国会听证会。看了丰田章男的听证会答辩，丰田章一郎告诉自己的儿子："看上去，你在代表丰田汽车公司的过去、现在和未来道歉。"从那以后，丰田章男便常说，丰田汽车公司的领导者"要对丰田汽车的过去、现在和未来负责"。

丰田章男执掌大权的现在，上承丰田集团的创始人丰田佐吉、丰田汽车公司的创始人丰田喜一郎创造的过去，下接丰田汽车的未来，绝对不能割裂开来孤立思考丰田汽车的前途。

另一方面，对于汽车产业面临的新四化和出行即服务的浪潮，丰田章男认为"汽车产业正处于百年一遇的大变革期"。

况且，新冠肺炎疫情和俄乌冲突震动世界，国际风云巨变。企业必须做好改写传统发展模式的心理准备。企业应对这一变化的能力将受到考验。

丰田章男逢事必言志。谈及未来，往往从抒发志向开始。他说："在传统的延长线上，没有丰田汽车公司的未来。"那么，究竟要如何描绘一个既承接过去和现在，又不在传统的延长线上的未来呢？

在他的志向背后，是"喜欢汽车"和"喜欢赛车运动"的热忱。并且，作为丰田家的人，作为丰田汽车公司的继承人之一，也有意接过丰田喜一郎的遗志，用日本国产汽车来丰富日本人民的生活。他肩负汽车产业的未来，担子很重。

2021年6月，他在股东大会上说："我没有预见未来的能力。我能做的，就是和一线的伙伴们一起尝试、失败、改进，在循环往复中不断前行，仅此而已。

"随波逐流和带着'创造更美好未来'的热情主动求变，我相信在二三十年后，所看到的景色一定会大相径庭。"

— 无惧孤独，敢于冒险 —

丰田章男自上任以来，一直以成为"离一线最近的社长"为追求，正是因为他提倡"先干起来"。不行动起来，一切都不会开始。

让心中的志向催发热情和行动。丰田章男在碳中和的实践中，在氢燃料发动机汽车的研发现场，总是强调"有志的热情和行动"。他所描绘的未来，始于志向，成在热情和行动。

如序章所言，丰田章男义无反顾地开拓史无前例的事业。他喜欢走别人没有走过的路。怀揣志向，坚持自己认为正确的

布局
丰田在未来汽车业的野心

道路，这并非易事。除了要承担风险和责任，还要忍受深深的孤独。

但是，要想在这个变幻莫测的时代创造未来，敢于冒险是必须的品质。而沿袭前例的安全道路，并不通往未来。

丰田章男作为丰田汽车公司的掌舵者，做出过很多决断。其中的一些就伴随巨大的风险。面对不确定的未来，风险不会缺席。

― 投入个人资本 ―

谈编织之城，须得看看丰田章男的另一面。

创立编织星球控股公司时，丰田章男自己筹集资金投入进去，即个人注资。也就是说，他作为"个人投资家"参股了这家公司。当然，多了投资家的身份，并不意味着作为企业家的丰田章男下课了。

丰田的有价证券报告显示，丰田章男向编织星球控股公司出资 50 亿日元，占股达 18% 左右，相当可观。

他说："我现在 65 岁了。还为自己添加巨额债务，真不像这个岁数人的所为。"这样的行为比投资额更具本质意义，即与志向构成表里关系的"决心"。

关于个人注资,丰田章男在接受编织星球控股公司的员工提问时说:"过去的投资家在向企业投入资金时,总会带着自己的想法。或者说是带着某种使命来兴办企业。但是现在,很多企业的创业阶段,投资人几乎没有存在感。而要挑战这个没有答案的世界,仍需要投资家的个人意志。"

近年来,日本缺乏富有创业者精神的人才,丰田章男对此一向不满。

企业投资需要回报,当持续、有计划地追求利润。但是,面对没有答案的未来,这个逻辑是无效的。换句话说,丰田章男明明看见了风险,依然决定以此争取看见未来的希望。投资为了回报,资本追求增值,这是资本主义的铁律。身为丰田汽车公司的社长,丰田章男也必须遵守这一铁律。

但作为个体的丰田章男,真正想要的却是"让更多人绽放笑容"的未来。如果仅靠资本的逻辑机制,显然无法抵达这一理想。

我当了11年丰田汽车公司的社长,一直在与大组织逻辑作斗争。所谓大组织逻辑就是"如何将过去的成功经验逻辑性地归纳起来"。但我个人的想法是"如果创造这样的世界,或许能让更多的人绽放笑容"。

"组织的逻辑"和"个人的逻辑"之间出现了分歧。

过去,丰田汽车公司挑战了从自动织机公司向汽车公司的转型。如今,"汽车产业百年一遇的大变革"在推动转型。但由于这一次所面临的巨大风险,很难与"组织的逻辑"完美契合。于是,丰田章男让"个人的逻辑"发挥作用,断然向新事业注入个人资本。

"比起公司社长的身份,我更想融入我的个人意愿——如果建成这样的世界,人们会很感兴趣,并为此展露笑颜吧,所以选择了个人出资的手段。"

做出个人注资决定的丰田章男,还有一个关于日本企业家的看法。

过去,日本有一批"有抱负"的企业家支持创业者创业。被称为"日本资本主义之父"的涩泽荣一就是其中代表。他不断向那些肩负日本未来的新兴企业投资。他投资的核心目的不是回报,而是"想要的未来"——一个更好的日本,是《论语与算盘》[①]中的世界。

现在的日本,"追求回报"的投资者比比皆是。而胸怀理想,为"想要的未来"而投资的企业家消失了。丰田章男认为,这样的情形,无法再成就富有志向和抱负的事业。

日本企业在"失去的30年"中停滞不前,根本原因正是冒险精神的消失。丰田章男决定站出来,重拾理想,踏上冒险之路。

—— 忘小我,轻私利 ——

丰田章男在2010年出席美国国会听证会时,已经做好了"社长干不下去"的心理准备。当度过这一巨大危机之后,他再无明哲保身的想法。丰田汽车公司社长的位子对他来说,已无关私利私欲。

他开始思考自己能为日本,为社会,为丰田汽车公司,为未来做些什么,高屋建瓴地规划着事业方向。

[①] 作者涩泽荣一,中文简体版由九州图书出版社于2021年引进。——编者注

关于编织之城的建设，丰田章男在面向公司内部的视频讲话中说："回顾我过去的人生，听了太多的'你不行''领教领教你的本事''认输吧''没有人支持你'这些话，我感觉自己一直活在孤独中。也正因为如此，我内心强烈希望为了他人，为了未来而更加努力。"

丰田章男甚至没想过在活着的时候能获得赞誉。他既持超前思维，就不奢望获得现世认可。如果像他事成半途人先逝的祖父丰田喜一郎那样，在身后50年被人感叹"多亏了他"，也足以慰怀。只有做到忘小我和轻私利的人，才会为未来而行动。

丰田章男在前文提过的2021年股东大会上说："现在正在工作着的人，是在为未来的工作不断积攒力气；过去所做的，是为了不让缺陷进入未来而不断改进；在未来工作的人，将用现在和过去的工作所积蓄的所有力气，在没有答案的世界里屡败屡战。"

丰田章男深知，幸有自丰田佐吉创立丰田汽车公司以来的过去，才有了丰田汽车公司的现在。所以，他反复强调感恩过去：是先辈们的努力，才有了现在自己这一代。而现在的努力则是为了成就未来。

丰田汽车公司的高技术力和信任铸就的组织力，不是一朝一夕得来的。现在的丰田汽车公司，是几代人所付心血的结晶。丰田章男曾多次说过，自己也要努力成为被后来人所感激的先辈。很多人只看眼前，而他的目光顺着时间的轴线，投向过去、现在和将来。

丰田章男继承了过去的丰田汽车公司，统率着现在的丰田汽车公司，走向未来。为了丰田汽车公司的未来，他正在努力做好现在。

为了他人

成立"编织星球"控股公司时，丰田章男用英语为该公司员工做了 7 分钟的演讲。《丰田时报》公开的演讲视频中，丰田章男回顾过去，着眼现在，讲述未来。

下面引用部分内容，试析其中真意。

大家都拥有"创造更好未来"的力量。大家的研究成果，与这个星球上所有人的幸福息息相关。所以我们把新公司命名为"编织星球"。

布局
丰田在未来汽车业的野心

如前所述，关于"编织星球"这个名称，丰田章男表示"从丰田佐吉那里继承了'编织'，要将其传遍世界""非常中意"。

"我的曾祖父发明了自动织布机。他的初衷是想为母亲减轻织布的辛苦，进而惠及更多的人。"

这是丰田佐吉传记中必定会出现的一则轶事。

丰田佐吉是家喻户晓的织机发明大王。他获得的发明专利和实用新型专利超 200 项。其中，有数十项在海外获得。

1867 年，丰田佐吉出生在现在的静冈县湖西市山口村的一个木匠家庭，是家中长子。在贫穷家庭长大的丰田佐吉，却一直想做一些造福他人的事情。

当时，在滨松附近，很多家庭会在农闲时以织布作为副业。丰田佐吉的母亲就是其中之一。但是，由于织布机性能太差，起早贪黑地辛苦劳作，收入也少得可怜。丰田佐吉看在眼里，心想："如果我能造出一种机器，让母亲和村里人轻松织布，也就能帮助到更多人。"从此，他埋头钻研这一发明。由于太过投入，甚至被人在背后议论"脑子不正常"。但他最终造出了后来被称为"自动织布机巅峰"的 G 型自动织机。

就这样，丰田自动织机成功发展起来。丰田佐吉的儿子丰田喜一郎，同样有强烈地为他人做些什么的想法。

他的想法更为宏大。没有安于织布机事业，而是看到了更遥远的未来，那就是制造汽车。对他来说，汽车就是"未来"。

丰田喜一郎是丰田佐吉的长子，1894年出生于湖西市，1920年从东京帝国大学工学部机械专业毕业后，进入丰田纺织公司。

1921年，丰田喜一郎与妹妹丰田爱子夫妇一起去欧美旅行。丰田爱子的丈夫丰田利三郎是丰田家的赘婿，后来成为丰田汽车公司的第一任社长。丰田喜一郎此次旅行见识了欧美汽车的高普及率，切身感受到"未来是汽车的时代"。这在他心里埋下了制造汽车的种子。

1922年，27岁的丰田喜一郎前往纽约考察，目睹了纽约充满活力的景象。第二年，也就是1923年，发生关东大地震后，紧急进口的外国汽车在灾后大显身手，更加坚定了他"未来是汽车的时代"的观点。

对丰田喜一郎来说，毫无疑问，汽车就是"未来"。

布局
丰田在未来汽车业的野心

— 我的挑战和丰田喜一郎一样 —

当时汽车给人们的生活带来了极大的便利。但是，当丰田喜一郎提出要自己造汽车时，大家都阻止他说"绝对不会成功"。

丰田自动织机制作所内部极力反对生产汽车。反对者急先锋之一有丰田的大总管，后来担任丰田汽车公司社长的石田退三。"我不知道丰田家族是怎样的大财阀。但是，连三井家族和三菱家族都没有去造汽车。我们为什么不如此呢？……你父亲这个发明狂人有很多发明。织机和纺织好不容易才站稳脚跟，难道要成为你个人发明喜好的牺牲品？"

——石田退三著《自己的城自己来守》（讲谈社）

他一口咬定这是丰田喜一郎的"个人爱好"。关于丰田佐吉和丰田喜一郎，他写道："两个人都很能说，经常一起喝酒。但关于汽车，翻来覆去也就是那两句'开车去''好，开车去吧'，并没有聊出什么实际内容……不管怎样，今日的丰田汽车起源于父子俩在酒桌上你来我往的车轱辘话，这也是事实。"

1930年，丰田佐吉去世。三年后，丰田喜一郎在丰田自动织机制作所设立汽车部。

"其实，我现在要做的事情和那时一样。"丰田章男继续说。

丰田喜一郎在周围人的反对下创立了汽车事业。丰田章男则是在汽车事业基础上挑战自己的编织之城。

"当时的汽车制造很烧钱。丰田喜一郎投入了自己的财产。"

关于丰田汽车公司的成立经过，有必要稍加说明。

1924年，一直从事织布机开发的丰田佐吉和丰田喜一郎等人制造出了当时世界上性能最好的自动织机——无间歇换梭式丰田自动织机（G型）。1938年，丰田喜一郎凭借"丰田G型"的相关专利，获得了日本发明协会颁发的恩赐纪念奖。

当时，世界著名织布机制造商英国普拉特兄弟公司对"丰田G型"评价很高，称其为"魔法织布机"，并向丰田自动织机制作所申请了专利权。1929年9月，时任制作所常务的丰田喜一郎远赴欧美考察，并就专利转让事宜与普拉特兄弟公司进行了交涉。

他在英国与普拉特兄弟公司签订了专利权合同，授权费高达10万英镑，按当时的汇率计算，是100万日元。

据和田一夫、由井常彦撰写的《丰田喜一郎传》（名古屋大学出版会）所述，当时普拉特兄弟公司是同"丰田G型"专利的所有者丰田喜一郎签订的合同，不是丰田自动织机制作所这

布局
丰田在未来汽车业的野心

一法人。

这10万英镑的授权费进了丰田喜一郎的腰包,也就成了丰田章男所说的"私人财产"。作为社长的父亲丰田佐吉告诉他:"你可以用这笔钱去学习汽车。"于是丰田喜一郎将这笔私人财产尽数投进了汽车产业。

在回答编织星球控股公司员工的提问时,丰田章男对个人投资的理由做了如下说明:

从丰田喜一郎算起,我是第三代。在日本的税制下,第一代积累的资产几乎不会留到第三代手上。丰田喜一郎继承了佐吉的事业,然后成功转型,创立了丰田汽车公司。我是第三代,继承了丰田汽车公司。虽说现在丰田汽车公司很有价值,但是我怎能仅仅依靠它来享受自己的现在呢?

我想把自己的资产投资未来,并且通过资产转型来表明我的承诺。我的祖父和父亲顺应时代,让这个企业群实现了转型,我觉得自己也有把这一传统传承下去的责任。对此,我认为仅凭丰田汽车公司社长的头衔,是无法展现这种承诺的。

— 用日本人的智慧和方法 —

他（丰田喜一郎）历经万难才创建了丰田汽车公司。

丰田喜一郎结束与普拉特兄弟公司的谈判后，在欧美停留了足足半年时间，详细考察汽车产业的实际情况，为汽车研发做前期调查，直至1930年3月回国。回日本后，他在担任丰田自动织机常务之余，开始悄悄着手研究汽车。

1933年，丰田自动织机制作所内设立了汽车部。丰田喜一郎从公司内秘密召集成员开始研究汽车，试制小型发动机。他认为发动机是汽车的心脏，搞清楚其工作原理至关重要。

《无限创造——丰田汽车公司50年史》中讲道："丰田喜一郎立刻让负责纺织机的河原润次腾出一部分仓库，说'面积有这么大就行，尽快把这里围起来，围到天花板。入口有一个就行，但宽度一定要能通过一辆汽车'。"

按照丰田喜一郎的要求围起来的第二天，一辆雪佛兰汽车被秘密运了进去。从拆解1933年款雪佛兰汽车开始研究零部件，绘制所有零件的草图，逐个研究其材质。

2000年，经历过丰田汽车公司创业期的原田梅治告诉我，

"其实，那个仓库通常都上着锁，外人进不去。白井（武明）先生把分解的零件按原尺寸画出草图，岩冈（次郎）先生比对着图纸和零件确认其材质。我在制造汽缸体时，为了确认材质等，也进过那个仓库。"拆解和检验都是突击作业。

《无限创造——丰田汽车公司50年史》中写道："从那天开始，所有人都废寝忘食地埋头于繁重的工作中。"其中也包括丰田喜一郎。

一天晚上，保安察觉厂里有人，赶到后发现黑暗中有香烟头忽明忽暗，问："什么人？"对方回了句："是我。""我不知道你是谁，在厂里抽烟干什么？"保安喊道。"不好意思，我是二楼的。"对方平静地说，然后熄灭了香烟。

保安倒吸了一口气。丰田喜一郎当时住在工厂的二楼，几乎处于不眠不休的状态，这事保安也是知道的："是常务先生吗？"丰田喜一郎回了句"辛苦了"，便上了二楼。

说起来，特斯拉的创始人马斯克也曾在生产现场搭起帐篷，住在里面坐镇指挥工厂启动。

风险企业战胜大企业的武器有两个：一是远大志向；二是一年365天，每一天都在24小时工作。丰田喜一郎两者兼备，是典型的昭和时代的经营者。

1936 年 5 月，刈谷组装工厂开始生产丰田 AA 型轿车。

丰田喜一郎的夙愿开花结果，他说："我们不能只生产汽车，要靠日本人的头脑和手腕，建立日本的汽车工业。"

"但是，公司开头发展并不顺利。遗憾的是，他没有看到丰田汽车公司后来的兴盛，便离开了人世。"丰田章男接着说。

第二次世界大战后，丰田喜一郎全力推动丰田汽车的复兴。但是，1950 年，发生了劳资纠纷，丰田喜一郎宣布承担一切责任，被迫辞去了丰田汽车工业社长一职。

丰田喜一郎辞职后不久，受国际军事环境影响，丰田汽车公司也快速复苏，决定两年后也就是 1952 年由丰田喜一郎重新担任社长。但是，丰田喜一郎不久后便离开了人世。这就是他被称为"悲剧之人"的原因。

丰田章男对于未看到丰田汽车公司的成功就去世的祖父，感情非比寻常。

如果，他能够看到丰田汽车公司正在为社会所做出的贡献，一定会很欣慰吧。不过，他可能马上便一脸认真地说，"我们可以做得更好！"他看到人们的生活日新月异，绝对会兴奋地这么说。

1 布局
丰田在未来汽车业的野心

丰田章男肯定在想,如果祖父站在自己目前的关头,会做出怎样的决断呢?

丰田喜一郎的这种创业者精神深深震撼着我,所以我也决定以丰田章男个人的身份对新公司进行重大投资。

正因为有丰田佐吉、丰田喜一郎等,"现在"的丰田章男才能把目光投向未来,开启全新的征程,开创"编织之城"和"编织星球"控股公司。这是冒险精神的一脉相承。

中岛岳志、若松英辅的《生命政治学》(集英社创作)中说,前内阁总理大臣大平正芳爱用"永远的当下"一词。永远的当下,是过去、现在和未来之间的息息相关。"大平把'当下'看作连接过去和未来的存在。这就是'时间'本来的样子,只有把握住'当下',才能深刻地连接过去和未来。"

也就是说,"当下"是过去和未来的连接点。丰田章男也持相同观点。

因为我相信这家公司要做的事情会对人们的未来有所帮助。丰田汽车公司一向重视诚实、尊重他人、体谅他人,我希望这家新公司同样重视这些,并产生新的内涵。

一百多年前美国有 1500 万匹马,现在是 1500 万辆汽车。在变迁的环境背景下,丰田喜一郎完成了从自动织机向汽车的商业转型。他顶着别人背后对他的指指点点,投入自己的财产,和同伴们一起实现了这一切。

而如今,丰田章男说汽车产业正处于百年一遇的大变革期。在此背景下,丰田章男也投入财产,挑战丰田汽车公司转型。

实际上,过去对数量的一味追求是错误的。我们想要量产的是"幸福"。

这句话是针对受雷曼事件冲击后的巨额亏损,以及出席美国国会听证会后大规模召回事件的反省,包含了编织之城所追求的人本理念。

丰田章男在 7 分钟演讲的最后,向在场的成员呼吁:"各位!从这里,我眼中的大家都光芒四射。和大家一起,一定能够改变世界。我想和大家一起实现我描绘的梦想。我相信和大家一起努力,是通往我梦想的捷径!"

布局
丰田在未来汽车业的野心

丰田喜一郎生前常说："要说织布机技术，我自信不输给世界上任何一个人。但是在汽车制造方面，我什么都没做，都是下属和伙伴在做。"

关于这句话，其子丰田章一郎认为是在表达感谢之意："汽车事业非一人之力能成，这是众多伙伴团结一心辛勤工作的结果。"

丰田章男也有一样的想法。"我对汽车事业很有自信"，但"'编织之城'要拜托各位员工和伙伴。"丰田章男殷切地对员工说："和大家在一起，一定能够改变世界。"

2018年，丰田喜一郎入选美国汽车殿堂，晚于丰田英二和丰田章一郎。仪式上，丰田章男说："正是先辈们为了日本的未来，挑战了在当时被认为不可能成功的汽车制造，才有了我们的现在。如果我们接棒后一味强调风险、风险，回避挑战，畏缩求全，那就有负于先辈和后人。

"为了让未来社会因移动出行而更加丰富与快乐，我将站在最前线战斗下去。然后把我们创业的原点——不是为己，而是为社会，为了下一代的笑容而战斗——好好地传承给年轻人。"

丰田章男准备用行动来证明这句话。

以"量产幸福"为使命

2020年，丰田汽车公司将企业使命确定为"量产幸福"。销量和利润市场第一，终究只是企业经营的结果。而"量产幸福"才是丰田章男心中真正价值之所在。

一般而言，在"物"欲被满足的时代，人们将追求"事"。但是，我们通过对"事"的追求，是为了抵达"心灵的充实"，也就是"幸福"。

移动、安全、舒适等要素追究到底，即可抵达"幸福"。洞悉人们追求的根本，对创造未来也至关重要。丰田章男能看到，所以才把"量产幸福"作为使命。

他在前文提到的2021年6月的股东大会上说："幸福有多种形态，因人而异。'量产幸福'绝不意味着要大量生产同一种事物，而是朝着多样化，实现多品种分类量产，这才是我们所追求的'量产幸福'。"

近年来，社会对企业的评价视角，增加了如何降低环境负荷、如何解决世界面临的社会问题等标准。即如何解决超越个人、企业、国家等界限的人类社会问题，实现人类"幸福"的视角。这也是可持续发展目标和 ESG 投资[①]的思维方式。

丰田汽车公司原本就是一家社会贡献意识很强的公司。"量产幸福"的使命也体现了这一点。它超越为了日本或为了丰田汽车公司的视域，从更为宏大的视角考虑整个地球的未来。

丰田章男说自己很中意"编织星球"这个名字，因为里面有"星球"这个词。

马斯克曾表示"要把生命圈扩展到地球以外的行星上"，希望通过太空探索技术公司（SpaceX）实现人类移居火星。即使不必如此大夸海口，当一个全球性企业思考未来时，也必须秉持地球整体视角。

— 带动周围，增加伙伴 —

对领导者来说，不同时期需要建立不同的形象。在发生大规模召回事件和东日本大地震等危机时，与平稳时代所需要的领导力自然不同。丰田章男的领导力似乎可以随着环境变化而

[①] ESG 是环境（Environmental）、社会（Social）、公司治理（Governance）的首字母缩写。ESG 投资是将这三大要素纳入投资决策过程的投资理念。注重投资的可持续发展、社会责任和长期利益。——译者注

不断改变。

比起自己带头，硬拉别人"跟上来"，如今他更重视让每个人的主观能动充分发挥。

丰田章男说："一个人无法创造未来。"这句话同样适用于思考日本汽车行业的未来。不过，他曾经毫不避讳地公开表示"丰田汽车公司不擅长合作"。积极提出"结交伙伴"的方略，始于2017年与马自达汽车公司的合作，后与斯巴鲁汽车公司和大发汽车公司也有合作。此外，丰田汽车公司还和软银集团共同出资成立莫奈科技公司，本田汽车公司和五十铃汽车公司等公司也加入其中。在新四化时代左右成败的大数据，是一个靠规模说话的领域。广结伙伴，有助于提升竞争力。

丰田章男结交伙伴的宗旨，是决心与志同道合的伙伴一起创造未来，让汽车产业支撑日本经济。这一点与GAFAM五巨头通过并购吸纳技术和人才大不相同。为此，必须在全日本共享这一目标，否则无法在已经展开的"汽车终极战"中获胜。正因为"一家公司无法创造未来"，所以才要努力"呼朋唤友"。

近年来，在氢能利用、赛车、"编织之城"的碳中和目标等领域，丰田章男都强调"结交伙伴"。

以伙伴关系一同前行，要的不是对抗，而是有竞争的合作，充分发挥各自力量。

丰田章男要与目标一致的伙伴们一道,去创造没有标准答案的未来!